日本と台湾
真実の戦後史

語られなかった断交秘話

松本彧彦
Ayahiko Matsumoto

ビジネス社

門田隆将氏推薦の辞

松本彧彦氏は日台政治史の生き字引である。というより蔣介石総統存命中から自民党青年局の人間として当時の中華民国中枢と深い繋がりを持ってきた「当事者」だ。一九七二年、日中国交正常化へ功を焦る田中角栄内閣にとって最大案件は台湾との関係処理だった。

それまでの日台の深い交流をかえりみず、中国の要求を呑み、日華断交に突き進む田中政権。その方針に態度を硬化させた国民党幹部たちと日本政府とのあらゆるルートが断たれた時、大平正芳外相が〝最後に頼った〟のは当時三十二歳の松本の個人的台湾ルートだった。

日華断交には反対だが、大きな時代の流れに自民党の一員として従う松本。手に汗握るやりとりの末、日華断交は成立。日本にとって大きな禍根となる出来事だった。

だが、松本は台湾への恩義を忘れず、その後の人生をかけて台湾に愛情を注ぎ続けた。多くの交流事業を実現させた松本の姿こそ日台の絆と真の友好の価値を表わしている。氏の手記が歴史的意味を持つ所以がそこにある。

はじめに

中華民国（台湾）との国交断絶、日華断交から半世紀を迎える。断交とは、国家間の公的な交際が断たれることである。地球を俯瞰《ふかん》してみれば、決して珍しい事例ではないが、わが国の外交史においては極めて大きな転換点である。一方、あるいは双方が事情や不都合により断交を申し入れる結果生じることがほとんどであり、この場合両国の関係は緊張状態に陥り、戦争が起こっても不思議ではないのである。

一九七二年九月二十九日、当時の田中角栄《たなかかくえい》（一九一八〜一九九三）総理は世界の潮流に乗って念願の日中国交樹立を果たした。その結果として、日華断交を招いたわけである。

さて、国交を断絶することになった日本と中華民国との関係はどうなったであろうか。

確かに国家対国家という公的な関係に影響を及ぼしたかもしれない。しかし、国民対国民、すなわち民間交流に関しては意外にも滞ることなく、むしろ断交前にも増して良好な関係が築かれてきたと言える。

現在、日本と台湾の間に国交が無いということを意識していない日本人は多い。とくに若者たちは、国交の有無など気にせず台湾旅行を楽しんでいる。

私にとって不思議でならないこの現象の鍵《かぎ》は、「交流」にあるのではないだろうかと考え、自らの体験を交えて現在に至るまでの流れを検証してみる気になったのである。

私は、自民党青年局に勤めていた頃から、台湾との青年交流に携わってきた。その青年交流を通じて台湾の要人たちと知り合うことができた。

一九七二年に発足した田中内閣と中華民国政府との間に要人の交流がなく日華断交に際しては、私が培ったパイプが重要な役割をはたすことになる。日中外交を担当した大平正芳《おおひらまさよし》（一九一〇～一九八〇）外務大臣（後の総理）の要請で、中華民国に派遣され、椎名悦三郎《しいなえつさぶろう》（一八九八～一九七九）特使（当時の自民党副総裁）受け入れ交渉を担うこととなったのである。

五十年にわたり台湾との民間交流に携わってきた私にとっても、来年（二〇二二）は断交五十年という節目の年である。本編では、当時の経緯を詳細に振り返り、近年の日台交流プロジェクトについても記しながら、検証の手がかりとしたい。

日本と台湾　真実の戦後史

もくじ

I　日台交流の始まり

第一章　半世紀前の台湾

II 一九七二年――戦後日本外交の大転換

第四章　日華断交秘話

第七章　台湾に感謝

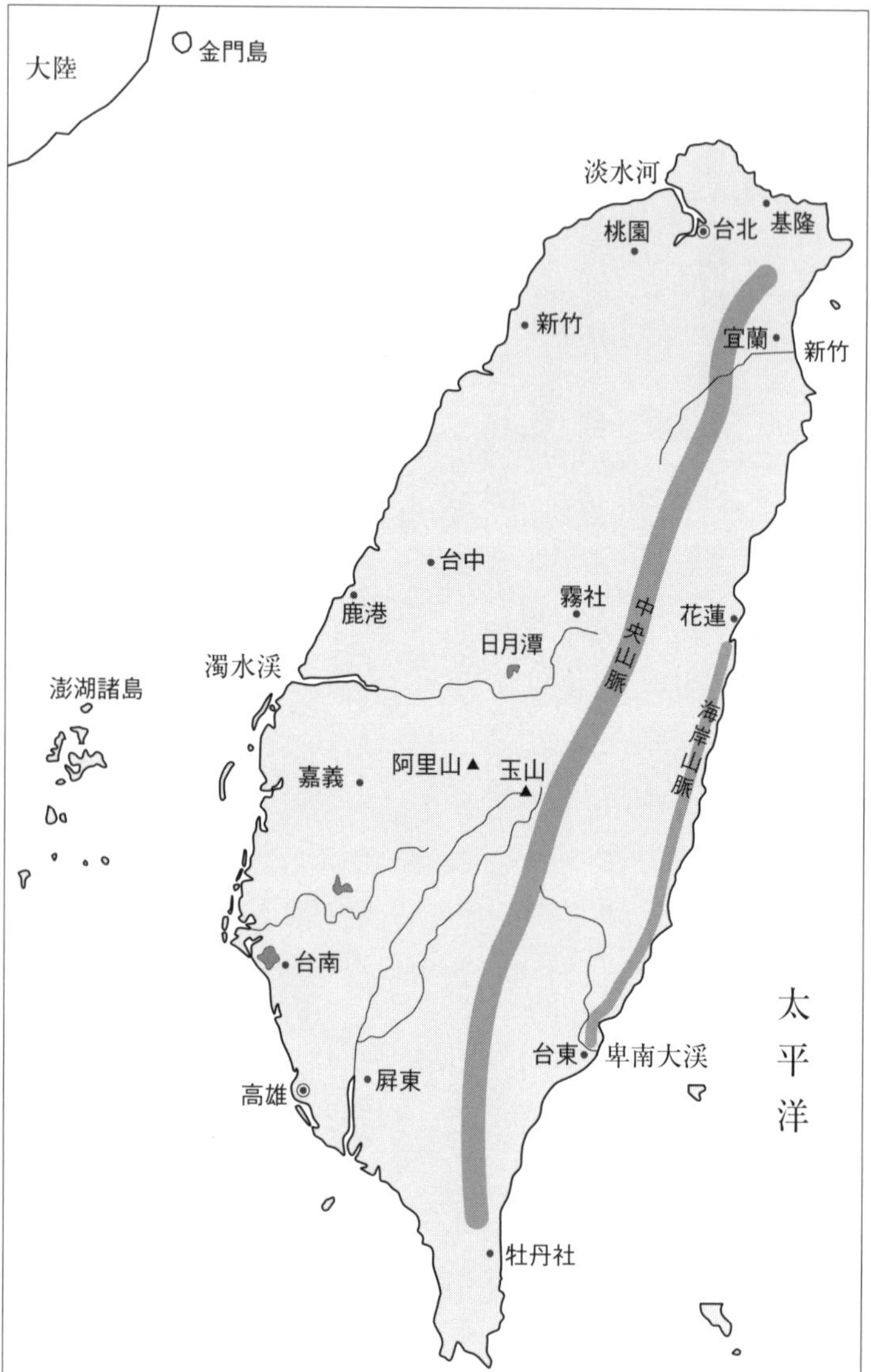
大陸
金門島
淡水河
台北
基隆
桃園
新竹
宜蘭
新竹
台中
霧社
中央山脈
鹿港
花蓮
日月潭
濁水渓
澎湖諸島
海岸山脈
阿里山
玉山
嘉義
台南
太平洋
台東
卑南大渓
高雄
屏東
牡丹社

I

日台交流の始まり

第一章　半世紀前の台湾

蔣介石総統は日本の恩人

あれは、大学三年の夏休み、東京・大田区内のあるビルの解体工事現場でアルバイトをしていた時のことである。昼食をとりながら数人の作業員と話をしていて、先の戦争中のことが話題になった。

その時、五十歳近かったかと思われる人が、中国の戦地に赴き、戦友が大勢死んだ中で幸運にも生き延びて、無事、日本に帰ってきたという話を始めた。

当時記していたメモによれば、こうである。

彼が所属していた部隊は、景勝地で有名な桂林《けいりん》から重装備で一日十五キロの行軍を続け、広東《カントン》の韶関《しょうかん》近くの山中で一九四五年（昭和二十年）の八月十五日を迎えたという。しかし、戦争が終わったらしいという情報を耳にしたのは、八月二十二日。しかも、最初は日本が勝利を収めたらしいということで、みんなで万歳をして喜んだそうである。

やがて事実はまったく逆であって、日本は戦いに敗れ、無条件降伏をしたのだということがわかって落胆をした。もう自分たちは、二度と再び祖国の土を踏むことはできないであろうと失望して、みんな肩を落としたという。

国府軍（国民革命軍）の管理下で彼の部隊は、野宿を続けながら十月頃、衡陽《こうよう》から漢口《かんこう》に出て、そこから揚子江《ようすこう》を下って南京《ナンキン》の西方にある安慶《あんけい》に到着。仮設の宿舎で沙汰《さた》を待っていたところ、年の暮れになって、蔣介石《しょうかいせき》（一八八七〜一九七五）軍事委員長が、来年早々には日本人を帰してくれるといっているとの吉報がもたらされたという。

そして、現実に国民政府から米が支給されるようになり、それを食いつなぎながら一月末に上海に集結、三月には上海を離れ、日本の博多へ帰ってくることができた、という話であった。「俺が今、こうして働いていられるのは、本当に蔣介石のおかげなんだ」と、彼はしみじみ語っていた。

このことが、私が蔣介石という人物に関心を持ったきっかけである。その後、日本の戦後処理に関する本などを読んでいて、この蔣介石氏（後の総統）が、敵国であった日本に対し、いかに寛大な措置を講じてくれたかを知ったのである。

私たちが中・高校で学ぶ歴史の教科では、日中の戦争に関してはきわめて簡単に、しかも戦後処理問題となると、ほとんどその内容について学ぶことがない。

古代史のあたりは、どうでもよいとはいわないまでも、かなり詳しく勉強するのにひきかえ、肝心な現代史のところを端折ってしまう傾向がある。むしろ、今日生きている私たちにとっては、大切なことであるはずの日中戦争、大東亜戦争、太平洋戦争、第二次世界大戦、さらには終戦後の歴史については、残念なことに学校の授業を通じて勉強する機会がほとんどなかったといってよい。

自民党青年局での活動

高校生の頃から、将来、政治に関わる仕事をしたいと考えていた私は、大学卒業後、東京都の公務員を経て自由民主党へ勤務することになった。党で最初に私がたずさわったのは、全国組織委員会青年局というところで、全国の自民党青年部、学生部の組織づくりと活動を推進するための仕事であった。

当時（昭和四十年代初め）の青年局は、海部俊樹《かいふとしき》（一九三一〜）青年局長、西岡武夫《にしおかたけお》（一九三六〜二〇一一）青年局次長、小渕恵三《おぶちけいぞう》（一九三七〜二〇〇〇）青年部長、橋本龍太郎《はしもとりゅうたろう》（一九三七〜二〇〇六）学生部長という、後に四人とも三権の長に就くという錚々《そうそう》たる陣容であった。

時の総理は佐藤栄作《さとうえいさく》（一九〇一〜一九七五）氏であり、わが国の外交の基軸は、日米関係と善隣友好であった。

一九六七年（昭和四十二年）七月に、中華民国（台湾）からの留学生たちが自民党青年局を訪ねてきた。台湾の若者と日本の若者の組織的な交流の場をつくってもらいたい、という要望であった。小渕青年部長を中心に青年局で協議をし、善隣友好外交を掲げて中華民国との友好関係の維持に力を入れていた佐藤総理の指導と協力を得て、その数カ月後には、党の青年学生部、

佐藤総理を表敬する中華民国青年指導者一行（総理官邸にて）右端は小渕恵三青年部長

さらに党に友好的な青年団体にも参加を呼びかけ、日華青年親善協会を創設した。

会長には小渕恵三代議士、理事長に青年局の先輩である小安英峯《こやすえいほう》氏、そして事務局長には私が就任することになった。

中華民国側もこの青年交流には本腰を入れて積極的に取り組んだ。当時の駐日大使館の宋越《そうえつ》倫《りん》公使をはじめ、文化、留学生担当専員で後に文化女子大学教授を務めた楊秋雄《ようあきお》氏を中心に、いうならば中華民国大使館あげてこの事業の推進に尽力した。

さらには華僑《かきょう》青年、留学生、在日青年の代表も加わった。一九九五年十二月に日本地区代表として立法委員になった黄清林《こうせいりん》氏もその一人である。

国防部長（大臣）であり、中国青年反共救国団（当時）主任であった蔣経國《しょうけいこく》（一九一〇〜一九八八）氏が中華民国側の責任者を引き受けられ、実質的業務は、後に行政院長（総理）になられた李煥《りかん》（一九一七〜二〇一〇）氏や中国国民党の要職を歴任された宋時選《そうじせん》（一九二二〜二〇一〇）氏という蔣経國氏の側近実力者が担当することになった。

親善友好の実をあげるためには、相手の国をよく知り、一人でも多くの青年たちがお互いに理解しあうことが最も大切であるということから、この年九月には、小渕会長を団長とする第一次日華青年親善訪華団を台湾へ派遣したのである。

初めての中華民国訪問

一行は全国の党の県連青年部長、県議会、市町村議会議員を含む五十数名の編成で、私は事務局長として同行することになった。これが現在でも党青年局が台湾との交流を続けている原点なのである。

第一回目の青年親善訪華団の記録ともいうべき日記をかつて書きとめておいたので、半世紀以上前の台湾を知る一助になるかと思い、ここに掲載しておくことにする。（肩書、年齢は当時のもの）

結団式で同志の結束を強化

《九月二日（土）》

中華民国大使館また台北の青年救国団ならびに国民党中央委員会のひとかたならぬ協力によって、第一次訪華団は一九六七年（昭和四十二年）九月三日に出発する運びとなった。

自民党各地の県連青年部長、県議会、市町村議会議員を含む全国から選ばれた「第一次日華青年親善訪華団」一行五十三名は、出発の前日にあたる二日午後二時より、自民党本部で結団式を開催した。

団長として小渕恵三代議士、副団長に自民党東京都連青年部幹事長の春日武《かすがたけし》・東京都文京区議と自民党千葉県連青年部長の倉田寛之《くらたひろゆき》県議、そして事務局長の任に私があたることになった。

小渕団長が、結団の言葉を述べたあと、党の青年婦人対策特別委員長・竹下登《たけしたのぼる》（一九二四～二〇〇〇）代議士、前青年局長の海部俊樹労働政務次官から、それぞれ激励の挨拶《あいさつ》があった。

中華民国側からは、宋越倫駐日文化参事官ならびに国民党の周祥《しゅうしょう》特派員が出席し、中華民国の現状について講義をされた。その後、中華民国紹介の映画を鑑賞したが、一同の心は、すでに台湾に飛んでいたようだ。

結団式終了後、懇親のパーティーを開き、団員同士の絆《きずな》をいっそう強くした。

「反共」一色の台北

・第一日《九月三日（日）》

同志や家族に見送られ、定刻午前九時、キャセイ航空で羽田を出発した。

団長は、公務の都合で同行できず、あとから追いかけてくることになり、その間副団長が団長役を務めることになった。

台北市の松山空港には、予定どおり正午頃到着。救国団公共関係組の劉家治《りゅうかじ》組長が出迎えてくれた。劉組長の特別の配慮によって、われわれ全員無検査で税関を通過すると、外には二台のバスが待機していた。これも滞在中のわれわれの便に供するようにとの救国団のはからいによるものである。

いたれりつくせりの歓迎態勢には、思わず感謝の気持ちがこみあげてきた。つい十日ほど前に、自民党を訪問し、私も懇談の機会を持った台湾大学の林福順《りんふくじゅん》博士や国際学生会議の代表数名も出迎えてくれた。

訪華の第一印象は、なんといっても暑いということと反共精神が旺盛《おうせい》であるということだ。街のいたるところで「大陸反攻」「反共」等の文字が目に入る。台北市中が反共一色に塗りつぶされているような感じである。

われわれの宿舎である伯爵大飯店というホテルは、台北市の中心部にあった。あまり大きなホテルではないが、クーラーがよくきいているのが、何よりも有難かった。日曜日のためか、これといって用もなさそうな人たちが大勢街に出ており、戦時下（内戦状態）とはいえ、日本の都会の雑踏と変わらない様相だった。救国団の招待晩餐《ばんさん》会までは、自由活動にした。

ゆったりとした流れの淡水《たんすい》河畔にある野外レストランが、晩餐会場にあてられた。劉組長がホスト役を務め、「腹いっぱい食べて下さい」と焼肉料理を存分にご馳走《ちそう》してくれた。劉組長の名ホストぶりは、まるで以前からの知人であるかのようなふるまいで、非常な親近感を与えてくれた。

雄大な淡水河の流れを眺め、星空を仰ぎながら、一同は心のこもったもてなしに、まず第一日目で大いに感激させられたのである。

国家再建の推進力、救国団

・第二日《九月四日（月）》

午前九時、まず中国青年反共救国団総団部を訪問し、主任秘書の宋時選（一九二二〜二〇一〇）先生から救国団の組織や活動状況についての説明やスライドによる解説を受けた。ちなみに団の最高責任者である主任は蔣経國先生である。

救国団は、一九五二年五月二十九日の「青年の日」に蔣介石総統がその設立を提唱して、同年の十月三十一日に創立された。

愛国心にあふれる中国青年たちが、共産主義に侵略された大陸を奪回し、国の再建という大事業を成し遂げられるよう、青年を教育し、青年の要求を満たし、青年を助けていこうというのがその目的である。具体的には次の五項目を掲げている。

①青年が愛国心および反共精神を昂揚《こうよう》するのを助ける。
②青年が知識を身につけるのを助ける。
③青年が身心の健康を促進するのを助ける。
④青年が社会事業を促進するのを助ける。
⑤青年が自己の持つ可能性を最大限に活用するのを助ける。

本団は、全県下にその支部を持ち、さらに郡市部、離島部にも支部を持って、教育の振興を専門とする指導者を配置しているが、各支部は総団部の指示によって活動している。

団員は、団体と個人から構成され、高校や高等教育施設は団体加盟、十五歳から三十歳までの関心ある人は、個人で加盟するようになっている。

主な財源は、個人や民間会社からの寄付ならびに事業収益であるが、活動資金は政府からの交付金や参加者たちの負担金によってまかなわれている。

われわれ一行全員に、記念にと救国団のシンボルである緑の若獅子《じし》の記章が贈られた。それには次のような説明がつけられている。

「幼獅代表中国青年勇敢進取。緑色象徴中国青年有活力、有生気。永遠進歩、永遠青春！」

なお、われわれの滞在中、救国団公共関係組の徐抗宗《じょこうそう》君が、終始案内役を務めてくれることになった。彼はアメリカの大学でマスターの称号をとり、三年前には、国際学生会議に首席代表として日本に来たこともある優秀な青年である。

救国団に次いで日本大使館を訪問したが、七日の佐藤総理訪華の準備で、多忙を極めている時でもあり、堀川参事官に挨拶をして早々に引き上げた。大使館では、「中央日報」、「中華日報」、「徴信新聞報」等地元の新聞に掲載されているわれわれ一行に関する記事の切り抜きを見せてくれた。日華青年親善協会については「中央日報」にも、これまで三回ぐらい記載されたことがあるということも聞かされた。

救国団招待による昼食会のあと、バスに一時間半ほど乗って、台湾本島最北部の金山《きんざん》にある救国団の活動場を見学に行った。

広大な山林と海水浴場が、青少年の活動の場に供されている。学習用の教室や講堂もあるし、六百人が一度に泊まれる設備もある。夏休みには、十万人以上の青少年が、各種運動競技、キャンプ、水泳等さまざまな訓練をここで行っている。

ガイダンスのあと、われわれも水泳の実地訓練をすることになり、希望者二十名ほどが勇んで我先にと海に飛び込んでいったが、まもなくひどい顔をしてひきあげてきた。数人がクラゲにやられたのだ。

ゆっくりとしたひとときを過ごし、活動場の夕食をご馳走になって、金山をあとにした。

国民党――何応欽《かおうきん》将軍――故宮博物院――中山楼

・第三日《九月五日（火）》

午前十時、自民党の友党ともいうべき中国国民党中央党部を訪問し、谷正鼎《こくせいてい》（一九〇三〜一九七四）秘書長（日本でいう幹事長）、陳錫卿《ちんしゃくきょう》（一九〇七〜一九八五）副秘書長、馬樹礼《まじゅれい》第三組主任、頼順生《らいじゅんせい》第一組副主任に表敬挨拶をした。

忙しい最中の谷秘書長から、中華民国の政情等に関して一時間にわたる講義を受けることができた。

国民党の指導原理は、中華民国の国父である孫文《そんぶん》（一八六六〜一九二五）先生の主張による「三民主義」である。これは、民族（民有）、民権（民治）、民生（民享）の三つの主義をいい、これらが三位一体をなしているというもので、デモクラシーの理論に中国古来の大同思想を採り入れた主義である。

秘書長が、話の中で強調したのは、民生政策に基づく有名な「土地改革」についてである。この計画は、一九四九年から五三年にかけて実施されたのであるが、その後の経済発展の大きな礎となり、大成功を収めたものである。その結果は、数字にはっきりと示されている。

この計画着手前の一九四八年には、一ヘクタール当たりの米の収穫量は二千八百九十四キログラムであったのが、一九六三年には六千六百キログラムと大きく増加している。

実施に当たっては、まず「三七五減租」を断行。すなわち、それまで主要産物の六〇％から七〇％を小作料として徴収していたのであるが、それを三七・五％に軽減したのである。

ついで官有農地を小作農や半自作農に払い下げる「公地放領」を推進し、第三段階として、耕すものには田を与えるという「耕者有其田」を遂行した。この土地改革については、強い自信と誇りがうかがえた。また話の全体を通じて、終始旺盛な反共精神が披瀝《ひれき》された。

国民党の次は、将軍として日本でもよく知られている何応欽中日文化経済協会会長を訪問した。

何会長は、八十歳という高齢ではあるが、かつて天下に名声を馳《は》せた軍人らしく、今なお矍鑠《かくしゃく》としておられ、その凜然《りんぜん》とした風格に、われわれ青年一行も圧倒されてしまった。会長は今日に至るまでの日本と中国の関係について、詳しく説明された。あらためて、隣国との歴史的つながりを勉強させられたのである。

国民党の招待による昼食後、陽明山《ようめいざん》の麓《ふもと》にある中山《ちゅうざん》博物院を見学。故宮博物院の名で知られているこの博物館は、殷周《いんしゅう》の時代からの銅器、陶磁器をはじめ、書画、漆器等中国文化の粋を集めた宝庫であり、実に見ごたえがあった。

こういう貴重な伝統文化を破壊しようとしている大陸での文化大革命なるものが、まったく狂気の沙汰であることを痛感し、今さらながら憤慨させられた。

博物館から中山楼《ちゅうざんろう》へ。中山楼は、蔣総統が国賓を招いたり、重大な国際会議が開かれるような場合に使用され、一千八百席を擁する大ホール、会議室、研究室、図書室その他まさに豪華絢爛《けんらん》ともいうべきレセプションルーム等から成り立っている。

昨年（一九六六年）の十一月に孫文先生の生誕百一周年記念として建築されたもので、自由中国の「中国文化復興」の意味が込められており、別名を中華文化会館という。コバルト色の瓦屋根、朱や金の装飾、真っ白な大理石、なるほどこれが中国の代表的建築物かと一行は驚嘆させられた。

とくにレセプションルームのきらびやかさには目を見張らされた。金や貝類の象嵌《ぞうがん》の細工で部屋中を飾っている様は圧巻である。

この建物に使用されている材料のいっさいは、純中国産であると案内をしてくれた人が得意顔で説明していたが、さもあろうと納得することができた。

夕食は、アジア反共連盟の招待にあずかった。席上、谷正綱《こくせいこう》（一九〇二～一九九三）会長から、反共勢力の先頭に立って活躍している連盟の沿革と現在の活動状況等についての説明があった。

一九五四年に韓国で第一回反共連盟総会が開かれ、日本は一九六二年の東京で開かれた第八回総会から連盟に参加している。

国際的な共産化の動きに対処するため、自由諸国の団結強化を図ってきたが、その努力が実って、このほど国際組織ができあがり、九月二十五日から二十九日まで第一回世界反共連盟大会が台北市で開催されることになる。

この大会には七十カ国が参加するが、日本からは、賀屋興宣《かやおきのり》（一八八九～一九七七）代議士、長谷川仁《はせがわじん》（一九一九～一九九四）参議院議員ら七名が出席するという。

太平洋岸に沿って花蓮《かれん》へ

・第四日《九月六日（水）》

早めに朝食をすませ、われわれの専用バスで、花蓮に向けて七時にホテルを立つ。台北から花蓮までは二百二十五キロ。宜蘭《ぎらん》を通り、蘇澳《そおう》で昼食。蘇澳から花蓮までのコースが実に思い出深い。花蓮に行くには、一日に二回しかチャンスが与えられない。というのは、このコースは、はるか眼下に太平洋を見下す断崖《だんがい》絶壁上の狭い道路である。そのため、時間を区切っての一方通行を実施しているからである。時間に遅れると翌朝まで待たなくてはならないというので、通行の順番を確保するため、早めに道路入口まで行き、炎天下で一時間ほど待機した。

夜までは公式な会合がないため、気分的にもくつろいで睡魔におそわれていた一行であったが、断崖道路を走り出すや、いっぺんに生気を取り戻し、座席の取っ手にしがみついて全身を硬直させ始めたのである。

真下は、異様なほど青く澄んだ太平洋である。車輪の幅一つくらいの余裕しかない道。カーブの所では、左側に座っている人たちは体が全部道路から外にはみ出してしまう。車が揺れ動くたびに窓側の団員から悲鳴が続出する。

数時間に及びスリルと絶景を満喫して、夕方五時半近くに、くたくたになって花蓮に着いた。

夕食後、有名なアミ族の踊りを見学に文化村を訪問。

あいにく雨が降り出したが、特設舞踏場で二時間にわたり、郷土色あふれる歌や原住民の踊りを堪能した。この日は花蓮泊まり。

好評だった佐藤総理の訪華

・第五日《九月七日（木）》

佐藤総理訪華の日。

当初の予定では、団員全員が台北市で総理を迎えようということであったが、諸般の事情でそれが不可能となった。

総理に先立って、小渕団長が台北に着くので、私だけ団長と連絡をとる必要上、朝方、花蓮から中華航空で台北市へ戻った。一行は、台湾を横断している東西横貫公路を走り、台中へと向かった。

小渕団長には救国団総団部で落ち会い、まず全員が無事で旅を続けている旨を報告した。小渕団長は、午後佐藤総理を空港に出迎え、そのあと団員一行に合流するために夜行列車で台中へと向かった。

滞在中お世話下さった方々に対し、謝恩の会を開こうという声が団員の中から自発的に高まり、八日の晩餐会にご招待することが決定されたので、私はその準備のため台北に残ることになった。林福順《りんふくじゅん》博士が、いろいろ私を助けてくれた。

佐藤総理の訪問は、非常に評判がよかった。現職の総理大臣が、わざわざ中華民国・台湾を訪問したので、どの新聞もこの記事に一面をほとんど全部ついやしていた。

一般市民の受けも、なかなか評判がよく、私自身も内心ほっとして嬉《うれ》しい気分に浸った。

なごりを惜しんで謝恩会

・第六日《九月八日（金）》
団員一行が、早朝、台中を出て、午前十一時頃台北の宿舎、伯爵大飯店に戻ってきた。長いバス旅で、全員いささか疲れ気味だ。

二十名ほどが、午後教育部（文部省）を訪問した以外は、昼間は自由活動にした。訪華日程も無事に峠を越して安心したためか、私自身かなりの疲労感を覚えた。

夜は、救国団の劉組長御夫婦、林博士御夫婦、それに徐君、国民党の陳副秘書長、さらに団員ともすっかり仲良くなったバスの運転手さん二人とガイドさん二人も招いて、謝恩の晩餐会を開いた。

会場は、台北の一流ホテルであるプレジデント・ホテル（統一大飯店）十階のレストラン。台北の夜景を一望に見渡しながら、和気藹々《あいあい》のうちに楽しいひとときを過ごした。

台北寸描

・第七日《九月九日（土）》

訪華日程の最終日。午後四時まで各自、自由活動。私も団員全員の帰国準備の点検をすませ、台北市内を歩いてみた。

街に出てまず戸惑ったことは、車が右側を走っていることと、かなり交通量の多い大通りにも、信号機がないことである。道路を横断する際の怖いことといったらこのうえない。

タクシーは、ほとんど全部といっていいくらい「ブルーバード」である。機械の重要部分は、日本から輸入し、ボディー等は、台湾でつくって組み立てている。

また輪タクも非常に多い。台北市内だけで三千台はあるという。それらが、自動車の間を巧みに縫うようにして走っている。私も試しに乗ってみたが、文字どおりのオープンカーでもあり、肘《ひじ》すれすれに自動車が走るので、終始接触するのではないかとヒヤヒヤした。

前の自動車が急停止したりして追突しそうになると、輪タクの運転手が、ブレーキ代わりに足を伸ばして前の車をポンと蹴《け》って止まる。これには唖然《あぜん》とさせられた。さらに、蹴られた方の自動車の運転手が何も文句をいわないのにはこれまた驚かされた。

「大陸反攻」「消滅共匪」等に混じって目にとまるスローガンに「勿忘在莒」がある。「莒《きょ》にあることを忘れるなかれ」という意味で、春秋の戦国時代に斉《せい》の国王が、一敗地にまみれて莒という寒村に逃がれ、辛苦をなめて再び中国全土を奪回したという故事である。「大陸反攻」とならんで、その堅固な精神と熱烈なる闘志がうかがえる。

市内の中心部には、日本のいろいろな商社の看板が見られる。とくに多いのは、薬や電気製品のものである。一般家庭でも日本製品がかなり使用されていることが想像できる。

ちなみにデパートに入ってみると、どの売場にも日本の品物がたくさんならべられてあった。

早めにホテルに帰って、順次戻ってくる団員に出発の支度を促し、予定の時刻には空港に到着。残務整理の都合もあって、私が暫時留まることになったが、一行は、お世話になった救国団の劉組長、林博士、徐君らに見送られて、無事帰途についた。

こうして多大な成果をおさめ、一週間にわたる日華青年親善協会の意義ある第一次訪華団の旅は終わった。

それぞれに思い出を残して……。

私が見た台湾―中華民国見聞記―

加えて、五十年前の一九七一年に当時の私が見た台湾についての拙文も掲載しておく。

「光復大陸」への願望

私は、日本と中華民国との青年の親善交流事業にたずさわっていることから、これまで何回となく台湾を訪問している。

台湾に行って、いつも感じることは、実に躍動的だということである。台北や高雄《たかお》の街に見られる繁栄ぶりばかりでなく、国民一人一人の顔が、生き生きとしているためでもあろう。誰でも話しかけると親しく応対してくれるし、遠来の友へのもてなしには、心の底からうちとけ合って、まったく国境の隔たりを意識させない。私などは、この頃では台湾へ行っても、外国にいるという感覚を忘れてしまうほどである。

話をしていても、いつも笑顔を絶やさないその明るい表情の奥に、時折ある種の厳しさを感じさせられることがある。

考えてみれば、一九四九年に中華民国政府が台北に首都を移してから今日まで、大陸を占拠した中華人民共和国(中国)との間にまだ内戦状態が続いているわけである。随所に「反攻大陸」「光復大陸」のスローガンが掲げられ、老人から子供に至るまで、大陸を奪還し、共産主義の圧政に苦しめられている同胞を助けだすのだという国家目標に対する自覚をいつも忘れていないためであろう。

二十歳になれば、日本とは違って、男子は、二年間必ず軍隊に入隊し、軍事訓練を受けなければならない。したがって、青年たちの行動は、日常でもきびきびとして、規律正しい。

台湾を訪れた人々が、異口同音に言うように、治安の良さも、世界に例がないほどである。

国家は、その最大の眼目である「光復大陸」を達成するために、軍事力の充実とならんで、青少年の健全育成を最も重要な政策の一つとしており、国家が青少年に注ぐ愛情のほどは、大変なものである。そんなところからも熱烈な愛国心が芽生えてくるのかもしれない。

青年の国家建設に向かっての団結と気魄《きはく》が、今の中華民国を支えていると言っても言い過ぎではないであろう。

国連議席を失っても不動

今や国連では、中国における代表権をめぐり、中華民国の処遇が論議の焦点になっている。昨年（一九七〇年）までは、中共の招請が重要事項であるか否かを論じていたのに、今年は、中共を承認することは当然のこととして、逆に中華民国を国連から追放することを、重要事項とすべきであるか否かを論じているというように両者の立場が、逆転してしまったのである。

すでに数年前から中華民国内でも、近い将来こうした時期が来るであろうことは、予測されていた。昨秋、国連総会においてアルバニア案が過半数を占めた時も、私はちょうど台北にいて人々の表情を見ていた。しかし、一部の政府関係者を除いては、一般の人たちは、不思議なくらい表情に変化を示さなかったのである。

また、今年ニクソン米大統領の、訪中声明が発表された翌日の七月十七日、所用でマニラに行く途中台北に立ち寄ってみた。直接の当時国でない日本でさえ、声明発表と同時に、あれだけ大きなショックを受けたのであるから、まして、これまでのアメリカとの緊密な関係からして台湾では、一般市民にいたるまで相当なショックを受けているに違いないと思っていた。

ところが、空港に出迎えてくれた友人たちに開口一番感想を聞いてみても、日本人よりむしろ冷静なのである。昨秋といい、今回といい、いったいどうしたことなのだろうかと一瞬首をひねってしまった。そのわけを知らされて、なるほどとうなずかされた。それは、こうである。

ニクソン訪中声明は、たしかに中国支持に向かって流れている世界の潮流に拍車をかけることになり、従来、アメリカに気兼ねをしていた国々を、この際とばかり中国派になだれ込ませることにもなる。したがって、国連における中国の代表権問題にも重大な影響を及ぼし、中華民国の進退に関わる重大事を招来することになりかねない。しかし、もし近い将来そのような事態が発生したとしても、それによって国民が右往左往する必要はない。たとえ、国連で中華民国の代表権が否認されたとしても、自分たちの国家は、厳然として存在しているからである。自分たちにとって最も重要な、本質的な問題は、むしろ国家自体、国民自体にある。それは、外からどのような波が押し寄せようとも、決して押し流されることのないように、政府、国民が心を一つにし、良い国づくりのために邁進《まいしん》し、国家の目的に向かっていっそう結束を強化していくべきであるということである。そのことさえ確立されれば、外で何があろうとも動じることはない。

国連における動向に対して無関心でいるからではなく、将来の可能性までも考慮したうえで、すでにそこまで腹を決めているということなのである。

そうは言っても、おそらく心中は穏やかであろうはずはない。それなのに、外国人には不安の色を見せないという堂々たる態度には、頭の下がる思いすらする。そこには「光復大陸、建設台湾」さらに「消滅共匪」のスローガン達成に臨む決意の厳しさがうかがえる。

「反共」に燃やす闘志という点では、中華民国がたぶん世界一であろう。国民党、青年救国団、反共連盟をはじめ、いくつもの反共組織があり、それぞれ内外にわたって、共産主義撲滅への積極的活動を推進している。台湾を拠点とする反共諸活動は、ただ自国のためだけのものとしてではなく、世界の反共戦線のためにも役立つように考えられている。

台湾においては、共産主義の恐ろしさを常に身近に感じているため、共産主義が良いか悪いかなどという問題は、日本とは違って、議論の段階ではない。

日本人の文革認識は甘い

中国では一九六六年春以来の文化大革命もようやく終息した。本年に入ってからはピンポン外交を契機に柔軟性を示してきたからとして、西側陣営内からも、中国を国際舞台に誘致しようという声が高まり、今、国連総会に見られるような評価を受ける状態にまでに至ったのである。日本でも、こうした国際情勢に呼応して、中国との間にただちに国交を樹立すべきであるという声が高まってきている。

しかし、台湾あるいは香港に行って、中国内部の状況を多少でも知らされてみると、客観的に判断して日本人の認識は、甘すぎるように思われて仕方がない。いったい、毛沢東《もうたくとう》（一八九三〜一九七六）政権下で、どのような社会現象が起こり、人々はどのような生活をしているのかということなどは、とくに日本では報道されていないので知る術《すべ》がない。

大陸各地では、今でも頻繁に闘争が繰り返されているという。その多くは派閥闘争であるが、反毛勢力の動きによるものも少なくないという。

生活状態も、日本に紹介されるような良いところは、きわめて限られたモデル地域のものである。ほとんどはレベルが低く、人々は、職業選択の自由も認められずに、個人の適性などは無視され、強制労働に服して、毎日苦難に喘《あえ》いでいるということである。大陸から自由を求めて生命を賭《か》け、香港に、あるいは海峡を泳いで直接台湾に逃亡してきた人々から、しばしば中国の実情を聞いたことがある。

ニューヨーク・タイムズのレストン記者が、八月二十九日付同紙に報じているとおり、今年七月一カ月間に、中国から香港へ男三百九十七人、女八十三人、計四百八十人もの脱出者が出ているという。

文化大革命の最中、紅衛兵のリーダーとして活動していながら、眼前に繰りひろげられる血の粛清、テロ行為の狂気の沙汰に、一瞬我にかえって恐ろしくなり、共産主義の矛盾に気がついて、脱出を決意したという生き証人もいる。

日本では、文化大革命については、当時はほとんど報道されず、最近になってから、なにかオブラートに包まれたような、美化された状態で話題にされているように思えてならない。「日中国交正常化」を叫ぶ前に、すでにすんでしまったことだからといって片付けてしまうのではなく、今握手をしようとしている相手側で、つい一昨年前まで文化大革命の名の下に、何が起こっていたのかを知る必要があるのではないだろうか。実は、今でさえ、大陸で何が起こっているのかを知っている日本人はいないのである。

とくに、この九月中旬以来、異常事態が発生していると言われている。その間、日本から川崎訪中団、日中議連訪中団をはじめ、何人もの人々が、北京を訪れてはいるが、その異常事態の真相については、誰一人知ることができないまま帰ってきているのである。突然民間航空機の飛行を禁止したり、例年盛大にとり行われていた国慶節のパレードを直前になって中止したり、あるいは、毛沢東や林彪《りんぴょう》（一九〇七〜一九七一）の死亡説が飛び出したりということで、いまだに中国は謎につつまれたままである。

大陸に住む中国の人々とも仲良く交流できる日が、一日も早く到来することを切望するものではある。しかしいったい何が起きているのかもわからない、しかも日華条約の廃棄や中華民国政府の否認を要求するだけではなく、日本政府を批難している中国が、現に大陸を支配しているうちは、国交の正常化をはかるなどということができるはずがない。

昨年一年間だけでも、日本から台湾に十八万人に及ぶ人々が旅行している。一カ月に一万五千もの人が、訪れている計算になる。終戦後今日までの間、双方で、どのくらい多くの人々が交流し、どれほど緊密な友好関係を培ってきたものか、想像するに難くない。経済的にも強い絆で結ばれている。

中国内部の問題が解決されるまで、たとえ国連の場でいかなる結果が生じようとも、日本は今日まで築いてきた同じ自由陣営の友邦中華民国との関係を決して犠牲にすべきではない。

蔣総統の日本に対するはかり知れない恩義を想い起こすにつけても日華両国の関係は、そんなに軽いものであってはならないと考えるものである。

（一九七一年十月二十三日　記）

第二章　蔣経國氏の努力

蔣経國氏との最初の出会い

私が初めて蔣経國氏にお会いしたのは一九六七年のことだった。

当時の中華民国政府の最も重要な政策の柱に国防と青年教育がある。今ではまったく見られなくなったが、すでに述べたとおりかつては「大陸反攻」というスローガンが台湾のいたるところにあった。いずれ、大陸を取り戻すという固い信念の表れであった。その後は「光復大陸」という柔かい表現に変わったものの、いずれにしても中国は一つで、国民政府が、中国を代表する正当な政府であるという立場をとる以上、手段はどうであれ、いつかはその目的を達成しなければという考えによるものであった。

その国家的目標を実現するためには、軍事力の充実を図ると同時に、将来の国家の命運を託す青少年に期待をして、その教育に力を入れていたのである。

日本にとっての大恩人である蔣介石総統の恩義にはとうてい報いることはできない。しかし、何か自分で、少なくとも感謝の気持ちを表す方法はないものだろうかと、考えていた当時の私は、この大恩人がこよなく愛している中華民国の青年たちとの友好親善を図り、将来にわたっ

蔣経國氏初来日。青年局幹部と。蔣経國氏（中央）、海部青年局長（右）、小渕青年部長（右端）、後列中央が筆者（1967年）

て両国の関係が緊密でありうるように努力していくことこそが、まさに、それではなかろうかと確信していたのである。

そして、中華民国からの留学生たちが自民党青年局に私を訪ねてきたくれたことは、渡りに舟であった。

日華青年親善協会を設立して間もない昭和四十二年（一九六七年）十一月に、公賓として蔣経國国防部長が、来日することになった。当時は全学連を中心とする左翼の学生運動が過激な頃で、羽田空港に「蔣経國訪日反対」のためのデモをかけるという情報がもたらされ、その対策について党青年局を中心に協会関係者が話し合いを持った。その結果、我々は空港に大動員をかけ、当日は大歓迎陣を敷いて、反対勢力を圧倒することができたのである。その日、東京・港区白金《しろかね》の迎賓館に蔣経國氏を表敬訪問したのだが、それが同氏との最初の出会いであった。

中華人民共和国(中国)招請――中華民国(台湾)追放への足どり

佐藤政権下での日華両国の関係はきわめて円滑であり、そうした背景の中で両国の青年交流もその後、順調な発展を続けた。しかし、その間、中国をめぐる国際情勢は激しく動いていた。一九七〇年には、カナダ、イタリアが中華人民共和国と国交を樹立することになり、国連総会において北京政府を国連の正式メンバーに迎えるべきであるとの意見が強まってきた。

米中共同コミュニケに衝撃走る

一九七一年七月には思いがけない出来事が起こった。アメリカのキッシンジャー大統領補佐官が北京入りをして、周恩来《しゅうおんらい》（一八九八～一九七六）総理と会談を行い、一九七二年五月までにはニクソン大統領が北京を訪問するという共同コミュニケを発表したのである。日本政府には、事前にまったく知らされていなかったという。この衝撃は、日本の政府内はもちろんのこと政界、マスコミ界、財界に走った。自民党内では、早くから日中国交回復を主張していたAA研（アジア、アフリカ研究会）を中心に日中関係の正常化を叫ぶ声が一段と高まり、議員による訪中団が北京を訪問したりした。

政府与党内でも国際情勢や国内のこうした動きを無視できないと考えたのか、北京へのアプローチを本格的に開始しだしたのである。

七一年八月、自民党内親中派で知られた松村謙三《まつむらけんぞう》（一八八三～一九七一）氏の葬儀に中日友好協会の王国権《おうこくけん》副会長が来日した折には、日中友好議員連盟の国会議員に混じって、竹下登内閣官房長官がわざわざ羽田空港に出迎えに出掛けるというようなこともあった。外国の政府要人以外の賓客を官房長官が出迎えるというのは異例のことである。

十月、美濃部亮吉《みのべりょうきち》（一九〇四～一九八四）東京都知事が北京を訪問した際に、自民党の保利茂《ほりしげる》（一九〇一～一九七九）幹事長は周恩来総理宛の書簡を知事に託し、日中正常化へ向けての日本側の意向を示したのである（もっともこの保利書簡は、周恩来総理の手元には届かなかったと聞いているが）。当時、社会党と共産党の支持を受け、自民党とは常に対立して戦う立場にあった美濃部都知事にこのような依頼をした自民党幹事長の手法は、私にとっては真偽を疑いたくなるほどの大変な驚きであった。

一九七一年十月二十五日、第二十六回国連総会にも、それまで毎年繰り返され続けてきた「中華人民共和国招請、中華民国追放」を主張するアルバニア決議案が提案された。

中国代表権問題については、アメリカや日本は一九六一年に三分の二以上の多数の決議がない限り変更できないという要件を厳しくした重要事項指定方式を採用することで、中華民国の立場を確保しようとした。しかし、年ごとにアルバニア決議案に対する賛成票は増え続け、一九七一年には三分の二を上回る可能性が予測された。そこで、アメリカは中華人民共和国の加盟は、それはそれとして、最悪の場合でも中華民国の追放には、やはり三分の二以上の賛成を必要とするという厳しい要件を付したいわゆる逆重要事項指定方式を考えた。日本もそれに共同して提案を行ったが、これは僅差《きんさ》で否決されてしまった。

アルバニア決議案の可決を見込んだ中華民国代表の周書楷《しゅうしょかい》外交部長は、「中華民国は退出する」と宣言して議場を去った。日本、アメリカは反対投票をしたのであったが、アルバニア決議案は七十六対三十五でついに可決された。

自民党として、中国問題にどう取り組むべきか協議する機関として、一九七二年七月十三日に「日中正常化協議会」がつくられた。小坂善太郎《こさかぜんたろう》（一九一二〜二〇〇〇）会長のもとで中華人民共和国と中華民国をめぐり、日本はどう対応すべきかの真剣な議論が開始された。議員も北京支持派、台湾擁護派とそれぞれ立場を鮮明にして激論を戦わせ、テーブルの上の灰皿が飛ぶ騒ぎまで起こったのである。

ニクソン米大統領の訪中発表は、世界に激震を及ぼし、国際舞台での北京支持国を大いに元気づけることとなった。

国連を去る中華民国

国連の場では、中華民国支持を貫いたアメリカにしても、すでにニクソン大統領の北京訪問を発表して、米中関係の改善に積極的に取り組む姿勢を示していたため、日本でもバスに乗り遅れては大変という機運が一段と高まってきた。

この頃、各新聞・雑誌は盛んに日中問題を取り上げた。そうした情勢の中で、中華民国が国連を脱退する三日前に、先に記した「私が見た台湾」を『月刊時事』に掲載した。

読んでいただければ、この時点で、もし中華民国が国連で代表権を否認され、国際社会で厳しい状況に置かれたとしても、政府と国民が心を一つにして国家を守っていこうという、不動の気概が台湾に満ちていることがわかると思う。

しかし後述する翌年三月台北での蔣経國氏との会見の場で、同氏が私の推測や感じ方とまったく同様のことを述べられたことには、確信して記事を書いた私ではあったが、正直言って驚かされた。

中華民国の進路をきく——蔣経國氏に単独会見

一九七二年二月、ニクソン米大統領は、北京を訪問した。国連から脱退した中華民国にとって、ニクソン訪中は予想されていたこととはいえ、国際社会における最大の強力な支援国であるアメリカが行ったことだけに、中華民国為政者の受けた悲痛は計り知れないものであったに違いない。

日本の外交問題の専門家や中国事情通を自認する人の中には、アメリカという大きな支えを失った中華民国は、孤立の一途をたどり、おそらく近い将来中華人民共和国に併合されてしまうだろうとか、これを機会に独立をするのではないかと、予測する人もいた。正直いって、中国問題の専門家と称する人たちでさえ、中華民国の将来を的確に予測できる人はいなかったはずである。

いったい中華民国という国家は、どうなってしまうのだろうか。

私にとってもこのことは、大きな関心事であった。しかし、考えてみれば、国家の将来について外側から見ているだけで、その命運や存亡にまで言及するのはいかがなものであろうか、という疑問が湧いてきた。

同年三月二十一日、中華民国では六年に一度の総統選挙が行われた。蔣介石総統だけが立候補する、いうならば形式的、儀式的な選挙ではある。八十五歳の蔣総統にとっては、失礼ながら年齢的に考えてもこれが最後の選挙になるかもしれないと思われた。この機会に台北に赴き、日本青年の一人として、わが国の恩人の当選を祝し、できれば蔣総統のご長男であり国家の命運を握っているとされている蔣経國氏に会って、中華民国の進路について尋ねてみたいと思ったのである。中華民国大使館の楊秋雄専員にその旨の要請をして、行ってみなければどうなるかわからないという予測のつかない不確定な日程のまま台北へと旅立った。

総統の選挙は、台北市の北側にある陽明山の中山楼《ちゅうざんろう》で行われる。一九九六年以後は民選、すなわち直接選挙になっているが、当時は、有権者は国民大会代表という資格を持った者に限られていた。投票会場には有権者以外は、いっさい入ることが許されないとされている。ところ

蔣経國氏との単独会見（台湾行政院にて、1972年3月）。中央は通訳の柯振華氏

が、私が台北に到着すると、選挙当日の中山楼への特別入場許可書が用意されていた。投票日に救国団の人に案内されて会場へ行ってまた驚いた。なんと、投票人が大勢着席している最前列の国民党の重鎮谷正綱氏の隣りに私の席が用意されていたのである。関係者の一人から、「国民大会代表以外、しかも外国人でこの会場に入った人はあなただけです」と話を聞かされ、大いに恐縮したものである。

何票かの棄権票が出たものの、圧倒的な得票の結果、蔣介石総統の第五期連任（五回連続当選）が決定し、総統本人は会場には不在のまま万歳三唱が行われた。私もすっかり雰囲気に溶け込んで、一同と一緒に万歳を唱和して祝意を表した。その後、新聞記者やテレビ局のアナウンサーに取り囲まれ、取材ぜめに合った。日本の青年がいったいなぜこんな所に来ているのか、という取材陣のほぼ共通した質問であった。私はわが国の大恩人である蔣介石総統の五回目の当選をお祝いするために、ここに来ているのだということを大いに強調した。

翌二十二日。午前八時三十分から行政院において、蔣経國氏に面会できることになった。その時の蔣氏の肩書は、行政院副院長である。日本でいうならば副総理の立場であったが、行政院長の厳家淦《げんかかん》（一九〇五〜一九九三）氏が総統の職務を代行していたこともあって、実質的には行政院長（総理）の地位にあった。

世界の大方の予想を見事に覆して、目覚ましい経済発展を遂げ、世界で最も安定した国家と言われるまでに導いた蔣経國氏の政治理念を、当時の会見の記録をもとに、今あらためて想い起こしてみたい。

会見の内容は以下のとおりである。

松本　昨日は、特別なご高配により、中山楼において蔣介石総統閣下の五期連任当選という歴史の一ページをこの目で拝見させていただきました。

投票会場への入場は、外国人で初めてという異例の光栄に浴し、誠に感激いたしております。心からお祝い申し上げますとともに日本青年の一人として、ご父君がますますご健康であられますようお祈り申し上げます。

蔣経國先生には、日華両国の、とくに私たち若い世代の親善向上のために、常に格別のご教導を賜っておりまして、そのことに対しましても、深く感謝を申し上げます。

蔣　ようこそいらっしゃいました。あなたが日本の青年指導者の一人として、いつも中日両国青年の交流に尽力されておられることに深く感謝をいたします。中日両国は歴史も古く、これからますます緊密にやっていかなければならない間柄であります。とくに、青年相互間の交流は、今すぐ目に見えるような結果が得られないとしても、将来非常に生きてくるものです。アジア全体のためにも、このことは必要であります。

松本　私たちが日本において日華交流の事業にたずさわっておりまして困っていることは、昨秋以来、貴国を取り巻く国際環境が難しくなり、貴国に好意を持っている日本国民が、何か不安にかられ、動揺をきたしていることであります。北京サイドの話となりますと、首脳の一挙手一投足までが、さも重要な事件であるかのように大きく取り上げられて報道されるのに比べ、貴国に関した記事となりますと、日頃はほとんど活字にはならず、まれに貴国の不利益な問題だけが報道されるという状況下であります。

したがいまして、多くの国民が貴国の現況について、正しい認識を持ちえずに憶測に惑わされております。そこで私といたしましては、貴国の責任あるお立場から明解なご見解を教えていただき、一人でも多くの日本人に真実を伝えなければならないと考えております。失礼とは存じますが、率直に日本で関心が持たれているいくつかの点について質問させていただきたいと存じます。

まず、昨年の双十節《そうじゅうせつ》に、日本で活動していた台湾独立運動の指導者三名が台湾に帰り、式典にも参列したということを聞いております。そのことからして、かつての「台湾人による台湾独立」から「現体制のままでの台湾独立」という方向に向かって、具体的な準備が進められているのではないかと噂《うわさ》されています。いったい、事実はどうなのでしょうか。

蔣　最初に申し上げなければならないことは、昨年の双十節に三人の台湾独立運動の指導者が、台湾へ帰ってきたというのは、彼らのまったく自発的な意思に基づくものであったということであります。どうしても台湾へ帰りたいということであったので歓迎をしたわけであります。台湾独立というような考えは誤りであって、とても実現できるようなことではないと彼ら自身悟ったわけです。最近では、台湾人、外省人というような意識もだいぶ少なくなり、融合しあって一体となってまいりました。

そして今日では、大陸の共産勢力を撲滅するためにはどうしたらよいかということを一緒に心配しているのです。

松本　従来の「台湾人による台湾独立」という考え方がなくなったことはわかりましたが、「現体制のままでの独立」という考え方に関しては、いかがでしょうか。

蔣　台湾だけで独立をするというようなことは考えておりません。このような話は、香港あたりから故意に流されているデマでしょう。

松本　台湾独立論と並行して、ニクソン訪中後とくにクローズアップされてきたのが、いわゆる国共合作論であります。日本では、貴国の首脳陣と北京の首脳陣との間に、かなり緊密な連絡網があって、合作の準備は相当進められているとすらいわれています。この点については、いかがでしょうか。

蔣　そのようなことは、絶対ありません。

松本　そういたしますと、従来どおりの光復大陸、反攻大陸の路線に変更がないということになるわけですか。

蔣　従来の基本的な考え方に変更はありません。ただ、最近ではこれまで国交のなかった国家とも、今後は経済、文化の分野で交流をしていくという考えは持っています。

松本　そこでお尋ねをいたしますが、過日、周外交部長が、アメリカの新聞記者に対し、ソ連と接近しているとか、接近する考えがあるとかいう話をされたことが日本でも報じられましたが、ソ連との関係についてはどうでしょうか。

蔣　周外交部長の発言は、外交の一般的な基本方針を述べただけのものであって、ソ連と接近をするというように具体的な国名をいってはおりません。その発言のあとで外交部から正式な声明を発表しておりますが、アメリカの記者は、そのことを知らずに報道したものと思われます。

松本　先ほどお話しになりました、これまで交流のなかった国とも交際していくというお考えの中には、共産圏国家との交流も含まれておりますか。

蔣　共産圏諸国とは、交流する考えはありません。

松本　日本において中共との外交を積極的に推進すべきであると主張する立場の論拠に、交際を始めることにより、相手に妥協性と柔軟性を持たせることができ、ひいては発展している自由陣営と比較することによって、おのずから共産主義思想の質的変化をもたらすことが期待できるという意見があります。

そういう点から考えて、ニクソン訪中によって米中間に人事、文化の交流が開始されれば、長い目でみた場合、中共の考え方を変えさせることができるという期待は持てないものでしょうか。

蔣　共産主義というものは、そんな簡単に変質するものではありません。表面的には変化をみせても、本質的なものは容易に変わるものではないのです。交際を深めていくことによって、よほど注意をしないと自由主義者の方が考え方を変えさせられてしまう危険性があります。

最近のわが国を取り巻く国際環境は、たしかに厳しいものがあります。中華民国は、世界の中で孤立してしまうのではないかと心配する向きもあります。しかし国家の存亡は、外圧によって左右されるものではありません。最大の問題は、国民一人ひとりが、しっかりとした共通の国家意識を持ち、国家を守っていこうという気持ちを持つことができるかどうかという点にあります。

今や、わが国民各自が、いわゆる本省人とか外省人とかいうような観念を払拭《ふっしょく》し、中華民国

国民という共通の自覚を持たなければならないのです。（後略）

私には、最後に記した蔣経國氏の言葉が今でも強く頭に残っている。

金門島に一泊した初の外国人に

余談になるが、ひととおり私との質疑応答が終わると蔣副院長は、「台湾の滞在中に何か希望があったら遠慮なくいって下さい」と話をされた。

「実は、何度も台湾を訪れながら、これまで行く機会がなかった金門島を視察させていただけませんか」と率直にお願いをしてみた。即刻、蔣氏が秘書官に指示をするとデスクのインターホンから声が流れてきた。相手は頼名湯《らいめいとう》参謀総長である。

「松本君という日本の青年が金門島視察を希望しているので、その手配をするように」と話をしてくれた。即刻、私の手元に「最速件」という印判が押された一通の文書が用意された。

これをもって、明朝五時半までに松山飛行場の軍用ゲートへ行くように、ということであった。

金門島は台湾本島を守る重要な軍事基地で、約百五十平方キロの面積がある。当時は民間人が六万人ほど居住しているといわれ、さらに機密事項で公にされてはいないが、島全体には地下の要塞《ようさい》も含め、十万人ほどの兵士が駐留しているはずであると聞いたことがあった（ちなみに一九九二年十一月に戒厳体制が解かれて以来、一般人の渡航も自由になり、観光地化した金門島には、大勢の旅行者が訪れている。最近の情報ではホテルが四、五十軒も建ち、カラオケの店までできているという。物産品といえば金門島に投下された砲弾でつくられた包丁や陶磁器や大麵酒というコウリャンから作った五十三度、三十八度もある地酒が有名である。これらは、私が行った頃と変わりがなく、私も話の種にと思い、買ってきたものである）。

いよいよ、念願の金門島行きが実現することになり、興奮気味で前夜は寝不足であったが、朝の五時半には所定の空軍基地に到着した。私に同行してくれるという救国団の青年が待っていてくれた。

一時間経っても二時間経っても、目の前に待機している私を乗せるはずの飛行機への搭乗案内がない。何かの手違いが生じたのかと聞いてみても、何だか事情がわからず、ただもう少し待つようにとのこと。ようやく飛行機に乗るようにといわれたのは、十一時半頃であった。

機種については私にはわからないが、双発のプロペラの輸送機である。機内は左右に向かい合って縦に長い座席があり、収容人員はおそらく五十人くらいのものであったろう。実際には、私だけではなく四十人ほどの兵士が乗り込んだ。私がプロペラから離れた、外の見やすい座席を選んで座ると、すぐにパラシュートを着用するようにとの指示を受けた。耳をつんざくようなけたたましいプロペラの騒音で、隣の人の話し声も聞こえない。

台湾本島から目的地金門島へは、大陸側のレーダーを避ける。そのために超低空飛行で、しかも金門島へまっすぐは向かわずに、有視界飛行でジグザグのコースをとる。

この朝は、濃霧が晴れるのを待ったため相当時間がかかったのだという事情説明も聞かされた。

水平飛行になって窓の下を覗《のぞ》いて見ると、なるほどかなりの超低空飛行である。高度を尋ねると、約二百メートルぐらいだという。これでは、いざ事故が起こったとしても、とてもパラシュートが開く間がないうちに海に落下するのではないかと思われた。

金門島の飛行場には、王上校（大佐）が青天白日の軍旗をつけたジープで迎えにきてくれていた。まずは金門戦地総指令部第一招待所というところへ案内された。そこでスケジュールの説明を受けたあと、荘司令官から、「もし都合がよかったら金門島に一泊してみないか」といわれた。当時、金門島を視察した外国人はそう多くはない。日本人も何人かはいたはずである。しかし、それまでは金門島に泊まったことのある外国人はいなかったそうである。

私は願ってもない機会だと思い、泊めさせてもらうことにした。

「臨戦体制下であっても、楽しい時は楽しむべき」

蔣介石総統の五期目の当選の直後であり、この祝賀の時期に合わせて金門島に駐留している兵士たちを慰問するために、台北から芸能団の一行が出向いていた。昼食後、王上校に島内の軍事関係の施設を案内してもらった。島全体が堅牢《けんろう》な要塞になっているが、とくに頑丈な岩盤を内側からくり抜いて、地下に病院や一定期間自給ができるだけの、たとえば製氷工場とか食料倉庫などがつくられていた。

将校たちに囲まれ、歓談をしながら夕食をご馳走になった。乾杯をするために金門の強い地酒が注がれたが、もともと下戸な私は舐《な》めただけで、アルコール度の強さに驚いてしまい、それ以上とても口にすることができなかった。

夕食後七時半から「恭祝、総統蔣公当選連任特別晩会」が開催され、そこへ招待されることになった。迎えのジープに乗り幅四メートルほどのトンネルをくぐって地下へ進んで行くと、広いホールの入口に出た。案内をしてくれた李将校が一足先に会場へ入ると、がやがやと騒がしくしていた場内は、一瞬にして静まりかえった。李将校から私の紹介があり、私が荘司令官について入場すると、満場の兵士たちから一斉に割れるような歓迎の拍手が起こった。私は思いっきり手を振ってそれに応えた。会場は千五百人ほど収容できる、さながら大劇場である。そこは擎天庁《けいてんちょう》と呼ばれていて、山を内側からくり抜いてつくられている。周囲の壁も天井も岩肌がむき出しのままの状態で、神秘的な大洞窟といった感じである。

座席やステージは、東京の一流劇場並みのつくりである。難しい挨拶《あいさつ》や特別な式次第もないまま、蔣総統連任の祝賀の催しであることを司会者が簡単に告げただけで、ただちに、台湾ではトップクラスという有名な芸能人たちによるショーの開幕となった。次々に繰り広げられる歌や踊りで会場は熱気に包まれる中、歌手がステージから客席に降りてきて、兵士たちに語りかける。そうかと思えば、若い兵士をステージに引っぱり上げて、歌手と一緒にゴーゴーダンスを踊らせる。

軍服姿でのその様はとても滑稽《こっけい》に思えた。兵士たちは狂喜したように口笛を吹き、掛け声をかけて、とても戒厳令下の臨戦体制中とは思えない、くつろいだ雰囲気であった。荘司令官もにこやかな顔で、すっかりその中に溶け込んでいた。荘司令官が私に語りかけた。

「この状況こそが、自由を愛する私たちの基本的な考え方なんだよ。臨戦体制下であっても、嬉《うれ》しい時、楽しい時はみんなで思いきり楽しむべきさ。中共ではとても考えられないことだよ」

ショーは九時五十分に終わった。兵士たちは、それこそ蜘蛛《くも》の子を散らすように一斉に会場から姿を消した。十時から翌朝七時までは灯火管制となり、戒厳のために外出通行は禁止となる。われわれは十時になるのを待って、ジープで外へ出た。数百メートルも走ったかと思ったら、いきなり懐中電灯をくるくる回して、警備兵に停車を命ぜられた。将校が乗っているのを見て、ただちに敬礼をして通過をさせてくれた。真っ暗闇の中で、こんなことが五、六回も繰り返されて宿舎に帰ってきた。

厳戒体制下ではネズミ一匹の動きすら見逃さないという警戒状況を私に見せたかったのだという。

要塞を見学したり、軍服の兵士たちに囲まれたり、日本では考えられない兵士たちの慰問の光景を見たりしたうえに、戦地（？）に泊まるという緊張感も手伝って、ベッドに入ってからも興奮状態がなかなか鎮まらなかった。

翌朝六時、愛国の歌曲というスピーカーからの音楽放送で起こされた。「われわれは蔣総統の指導下で民族と文化のために必ず最後まで戦う」と放送したあと、さらに、民族復興の歌というのが流れる。「われわれは今、自由と生存のために戦っているが、これはただわれわれのためだけではなく、世界の自由を愛する人民のための戦いである」という内容である。六時半まで野外のスピーカーの放送は続けられた。

朝食後、金門歴史博物館を見学した。ここには、一九五八年八月二十三日以降、三回にわたって展開された台湾海峡での戦闘に関する資料、また、その後大陸から打ち込まれた砲弾に詰められていた宣伝ビラ、対岸から海流に乗せられて金門島に着いた各種の宣伝文書などが展示されている。

一九五八年、海峡での戦闘は国府軍の圧勝に終わった。それ以後は双方とも軍事力の行使というよりは政治的な作戦へと方針を転換した。それで、宣伝ビラを大砲に詰めて打ち合っているのだと説明をしてくれた。

台北へ戻るため八時半頃に空港へ着くと、金門の県知事が、わざわざ私の見送りのためにみえていた。九時五十分に金門島を出発し、十時二十五分に台北に到着した。往路は一時間以上かけて迂回《うかい》飛行をしたのに比べ、復路は半分くらいの時間で戻ってきた計算になる。

このように蔣経國氏の特別な計らいによって、念願の金門島視察は期待以上の成果をうることができた。

国民から愛された指導者、蔣経國氏の努力

この年（一九七二年）の五月、蔣経國氏は行政院長に就任し、初の組閣を行った。それまで、たしか閣僚のポストは十八だったはずだが、そのうちいわゆる本省人に当てられたポストは内政部長たった一つであった。しかし、国民も驚いたことであったが、蔣院長は、それを一気に六人に増やしたのであった。有能な人材であれば外省人であるとか、本省人であるとかを問わない。中華民国の国民としてその扱いは、平等・公平であるべきである、という考えに基づいている。

三月に私が国家の将来について質問した折に、国の存亡は、外圧によって左右されるものではなく、問題は国民が本省人だとか外省人だとかの既成概念から脱却し、中華民国の国民という一つの国民意識を持つことができるかどうかであると答えてくれたことを思い起こした。

厳しい国際環境の中にあって、国家の舵取《かじと》りをしていかなければならない蔣院長の決意が、いよいよ実践に移されたことを知った。ちなみに後に、総統の職に就いた李登輝氏も農政担当の政務委員（大臣）に抜擢《ばってき》されたその六人のうちの一人であった。

李登輝氏については後述する。蔣経國氏が行政院長になり、やがては総統になることは、こ

の国ではいわば既定方針とされていた。蔣経國氏には、正直いって本省人から恐れられていた部分があった。それは、氏がかつて特務関係の職務についていたことや国防部長を務めていたことから想像される暗いイメージによるものであった。いうならば、それまでの外省人優先の政治のマイナスイメージを象徴するかのように捉《とら》えられていた面があった。

名実ともに実権を掌握した蔣院長のその後の努力は、並大抵のものではなかった。

日本では、総理が国内のどこかへ視察に出掛けていく場合、役所がすべてスケジュールを確認したうえで先方と連絡をとり合う。受け入れ側は、スケジュールも警備も遺漏なきを期し、総理は自分の意思というよりは、決められたスケジュールのとおりに分刻みの行動をすることになる。

中華民国でも以前はそうであったに違いない。しかし、蔣院長は、そのようなやり方では、本当の民情視察はできないと考えた。まったく予告なしに、ある時は農村に、またある時は漁村へとヘリコプターを駆使して飛び回り、ジャンパー姿でいきなり民家を訪ねて、農作物の成育ぶりや収穫状況を聞いたりした。また漁師からは漁業についての情報をとるなどを繰り返した。最初の頃は蔣院長のパフォーマンスであろうと受け取っていた国民も、通り一遍のことではなく、毎年それを繰り返し続けて、その視察の成果を実際に行政に生かしていくという真剣な姿勢に、いつしか信頼と敬愛の念を抱くようになっていった。

閣僚だけではなく、公務員全体にも適材適所主義の人事を断行し、同時に公務員の不正を厳しく糾弾して綱紀粛正を行った。一方、経済発展にも力を注いだ。後々まで高く評価されている「十大建設」である。桃園空港の建設、台中港・蘇澳港の建設、原子力発電所の建設、鉄道の電化、鉄工業石油化学工業の推進等々である。これらのプロジェクトが今は台湾の発展に大きく貢献していることは誰もが認めるところである。蒋経國氏のたゆまざる努力によって、数年後には、知らず知らずのうちに、かつての暗いイメージは払拭され、大衆から愛される指導者になっていたのである。

一九七五年四月に蒋介石総統が死去し、厳家淦副総統が総統職を務め、その後一九七八年三月に蒋経國氏は総統に就任した。一九八七年には戒厳令を解除し、民主化への扉を開いた。

蒋経國総統が晩年、「私は、すでに人生の半分以上をこの台湾の地で過ごした。いうなれば、私も台湾人の一人である」と演説している。言葉にすれば短いフレーズではあるが、この中には、蒋経國氏の万感の想いが込められていることを容易に想像することができる。この演説の話を聞いた時、私は思わず同氏の胸中を察し、熱い感慨を覚えた。

蒋経國総統は、一九八八年一月十三日にこの世を去った。

蒋総統のご子息である蒋孝武《しょうこうぶ》氏をはじめ国民党の関係者に弔意を表するために、吉田茂元総理のお孫さんである麻生太郎代議士（当時）、小安英峯氏と連れ立って私も台北へ飛んだ。

台北の忠烈祠でとり行われる盛大な国葬に臨むことよりも、私は蒋經國総統の死に対する一般市民の反応ぶりに関心があった。葬儀のあと、柩の車列が行進するコースの中でも、故人に特別縁《ゆかり》の深かった総統府、国民党を結ぶ介寿路の東門近くへと足を運んだ。

葬儀会場から中山北路、中山南路の沿道には、老若男女、喪服を着ている人、普段着のままの人、さまざまな人たちがあふれ、身動きのとれない状況であった。葬儀が終了し、いよいよ菊の花に飾られた霊柩車が目の前を通るという段になると道路に座り込んで大泣きに泣く人、跪《ひざまず》いて合掌する人など、多くの一般市民たちが涙を流しながら故人に別れを惜しんだ。

この年から遡《さかのぼ》ること十六年、当時行政院副院長ではあったが、すでに最高の実力者となっていた蔣経國氏は「国家の存亡は、国民の国家意識が一つにまとまるかどうかにかかっている」と私に語った。その目標が、自らに課せられた使命であるという自覚と、その命題に向かって取り組んでいくという決意の披瀝《ひれき》でもあった。

前記のとおり、その後の国家、国民に対する献身的な努力が、次第に国民一人ひとりの心を捉え、いつしか本当に国民から尊敬され、親しまれる指導者になっていたのである。

この日「私は人生の半分以上を台湾で過ごした。したがって私も台湾人の一人である」と演説をした蔣経國氏の魂と、台湾に生きている多くの人たちとの心が融合され、シンクロして同質のものとなっていたことを理解することができた。

国家、国民のために捧《ささ》げた蔣経國氏の人生は、辛いことも多かったに違いないが、自らの努力によってたしかに報われたことを知った。

コラム　李登輝総統について

李登輝《りとうき》元総統は、昨年（二〇二〇年）七月三十日、九十七歳で死去された。戦前日本の京都大学に学ばれたこともあってか、大変な親日家であった。たびたび来日して御実兄が祀《まつ》られている靖国神社を参拝したり、「尖閣諸島は日本の領土である」と公言してはばからなかった。

蔣経國総統時代には副総統を務め、一九八八年蔣総統死後は総統に昇任した。一九九〇年に初の民選による総統となり、民主化への努力を続け、「民主化の父」と呼ばれるようになった。

日本には李登輝氏を尊敬するファンが多い。

私は二〇〇二年台北で開催された「断交三十年回顧と展望」というシンポジウムにパネリストとして招かれたことがある。その折、李登輝氏と同じテーブルで食事をしながら話をする機会があった。

堂々たる体軀《たいく》で威圧感はあったが、決して上から目線ではなく、優しい気遣いのある人柄であったという印象が強く残っている。心からご冥福をお祈りします。

第三章　二つの中国

蔣介石総統の対日終戦処理

ここで、戦後の日台関係を考えるうえで、原点となる歴史を振り返っておきたい。

一九四五年八月十五日、満州事変に始まった日中戦争から太平洋戦争までの十五年間に及ぶ戦争に終止符が打たれた。

無条件降伏で敗戦国となった日本に対し、参戦した諸国からさまざまな要求が突きつけられた。そんな中で、最大の被害を受けた中華民国の指導者蔣介石総統がとった対日終戦処理を、私たち日本人は忘れてはならない。

蔣介石総統は一九七五年四月にこの世を去った。今日台湾での人物評価はむしろ否定的である。それは二・二八事件の最高責任者であるということ、さらに長年にわたって思想弾圧を続けてきたというのが主な理由である。本省人が八割強を占めるに至った現在の台湾である。台湾の人々が、否定的に評価することは、私には理解できる。

しかし日本にとって蔣介石総統が大恩人であるということは、私たち日本人は歴史的事実に即して素直に認め、知っておくべきである。

日台おのおのの歴史を理解し合えれば、決して双方の評価に違いがあっても、それが友好を深めるうえでの障害になるものではないと思っている。

私がかつて淡江大学や世新大学などで講演を行った際に、学生たちとも蔣介石総統に対する立場の違いによる評価について話し合ったことがある。その時、各々の立場について相互理解ができなければ交流はできない。理解し合えれば友好も図れるということがわかった。

実際、学生たちとの間に合意が得られた貴重な体験である。もし蔣介石総統を誹謗《ひぼう》する台湾の人たちに同調して、日本人が自分たちの恩人を中傷したとしたらどうだろうか。たぶん、日本人は恩義を知らない民族だと内心軽侮《けいぶ》されるのではなかろうか。

さて、その蔣介石総統の恩義であるが、大別すると四つあるといわれている。これらの恩義の根源となっている有名な演説がある。

八月十五日正午の、天皇の玉音放送より一時間前、中央放送局から全世界に向けて放送された「抗戦勝利に当たり、全国軍および世界人民に告ぐ」という布告文といわれるものである。

その内容は、要約されて「以徳報怨（徳を以って怨に報いる）」といわれている。

その精神に基づいて具体化された終戦処理は次のとおりである。

一、賠償請求権の放棄

日本軍は中国領土を戦場とし、新疆《しんきょう》、チベット、外蒙などの辺境地域を除き、ほとんど全土を爆撃した。「蒋介石秘録」によれば三百三十万余の将兵が死傷し、非戦闘員の死傷者も八百四十二万人を越え、公私有財産の直接的損失は掌握できたものだけでも一九三七年（昭和十二年）六月現在の米ドルに換算して、三百十三億三千万ドルに達するという。日本政府の同年の一般会計歳出が七億七千万ドルというから、いかに莫大な損害だったかが想像できる。

一九五二年（昭和二十七年）、サンフランシスコで締結された対日平和条約には、日本に対する賠償請求権が規定されている。しかし、中華民国は別途、日本と日華平和条約を締結し、在外資産の没収を除いて、すべての賠償請求権を放棄したのである。ちなみに中国側で試算された賠償要求額は、五百億ドルであった。

蒋介石総統は、将来アジアの安定と平和を目指すうえに、日本と協力関係を確立することが不可欠であり、そのためには、日本が早く立ち直ることが必要であって、今、天文学的な額の賠償を求めることは、戦後の日本の生命を奪うことになると考えたからである。最も被害の大きかった中華民国の権利放棄は、各国にも大きな影響を与えた。もし当時、この巨額な賠償請求を突き付けられていたとしたら、世界が目を見張った驚異的な日本の復興はありえなかったはずである。

二、天皇制の護持

日本の軍部は自らを皇軍と称し、天皇の名のもとに政治に参画して、軍事行動を推進した。

そのため諸外国は、軍と天皇制の関係を非常に問題視していた。

一九四三年十一月二十三日、カイロ会談に先がけて、夕食をとりながらルーズベルト大統領は蔣介石総統に、日本の天皇制存廃についての意見を尋ねた。なぜならば当時、アメリカ国内では天皇の戦争責任を追及する声が高まっていたからである。

蔣介石総統は日本軍閥を根本から壊滅させ、軍閥が再び政治に関与できないようにすることは必要であるが、国体をどうするかという問題は、日本の新しい世代の国民が自分で解決することが望ましいと述べている。

戦勝国だからといって、独立国家の国家形態に口を出すということはよくない。日本民族の精神構造上、天皇の存在が持つ意義というものを西洋人にはわからないだろうが、中国人には理解できる、というものであった。このいわゆる「国体の民族自決」の思想がポツダム宣言にまで生かされたのである。

三、在留邦人の早期帰還

蔣介石総統は終戦時、連合国の中国戦区連合軍統帥の立場にあった。中国に対する日本の降伏を受けたのは、蔣介石総統に代わって何応欽《かおうきん》（一八九〇〜一九八七）将軍であった。

そして、何応欽将軍は蔣介石総統の意を受けて、「以徳報怨」の布告文を実践するため在留日本人の送還事業に取り組んだ。

日本の将兵および民間人は、中国全土に散らばっており、戦禍によって鉄道は分断されて、どうやってこの作業を遂行すべきかはきわめて困難なものであった。蒋介石総統の布告文が発表されたにしても、時が経てば日本軍人から蹂躪《じゅうりん》を受けた中国人が、なんらかの報復をしないとは限らない。万難を排し、できるだけ早期に敢行しなければならない。さもなければ「以徳報怨」の演説が空しいものになってしまう。何将軍は、可能な限りの輸送力を駆使して日本居留民を南京へ、そして上海へと集結させた。当時、大陸には日本の将兵、居留民合わせて二百万人余がいたといわれている。しかも一人に三十キログラムの荷物の携行を許可したという。

ソ連、アメリカからは、日本人は捕虜として収容し、労役に課すべきであるという強い意見が出されていたが、それらをいっさい排除してこの措置がとられたのである。

一方、終戦のわずか一週間前の八月八日に日ソ中立条約を一方的に無視して参戦をし、満州に侵略したソ連は、在留邦人に対し多大な被害を及ぼしたうえ、五十八万人以上をシベリアに抑留して強制労働を課した。その極寒の地で生命を失った邦人は、五万五千人に及ぶといわれている。生存者の引き揚げが開始されたのも、何年もあとのことであった。

四、日本領土の分割統治阻止

戦後の占領政策について米国から中国に対し、中国軍を日本に駐留させてはどうかとの打診があった。蒋介石総統は、中国軍が日本に駐留することになれば、必ずソ連も同様の要求をしてくるに違いないし、それを認めれば、日本を分裂させることになりかねないと判断した。アジアの将来を考えた場合、日本の復興と安定がどうしても必要であって、そのためにはその障害となることは絶対に避けなければならない。

こうした見地から、蔣介石総統はアメリカに対し、戦勝にいちばん功績が大きかったのはアメリカなのであるから、占領軍はアメリカだけでよいと建議をしている。このことが日本を東西ドイツや後の南北朝鮮のような分裂国家になる悲劇を回避しえた大きな要因となった。

日中戦争はなんとか避けたい。蔣介石総統は日中両軍の衝突のたびに、それを収拾するか否かは、日本側の考え方次第であると訴えた。さらに終戦後も、どうしたら日本と日本国民が早期に立ち直ることができるのであろうかと腐心した。これが蔣介石総統の、戦中、戦後を通じての、日本に対する一貫した思考と態度であった。

これはたしかに高邁《こうまい》な東洋の精神とキリスト教の博愛主義に負うところが大きかったかもしれない。しかし私は、多感な青年期を過ごした日本への郷愁、そして日本人への親愛の情もあずかって少なくなかったのではないかと思うのである。

もし蔣介石という偉大な人物がいなかったとしたら、私たち日本人が戦後短期間で復興を遂げ、世界に冠たる経済大国として成長し、今日の平和と安穏とした生活を享受できたかどうかは、はなはだ疑問である。

日中の歴史がどう変転しようとも、私自身が生きてきたこの時代に、このような事実があったということは忘れてはならないし、さらに次代の人々にも伝えていくことが責務であるとすら考えている。日本人は「恩知らずの民族」といわれないためにも――。

中華人民共和国の誕生

一方、共産党独裁である中華人民共和国誕生も見ておく。「抗日」という共通の旗の下に結束していた中国も、内情は複雑であった。国民党の率いる政府軍と共産党の八路軍は、抗日戦線では共同していたものの、内部での確執は激しさを増していた。

日本を相手とする大戦終結が時間の問題とみるや、共産党の攻勢はいっそう激烈になった。共産党は日本軍司令官の岡村寧次《おかむらやすじ》（一八八四〜一九六六）大将に対し、共産党軍に投降するように命令をし、国民政府に対する誹謗中傷を繰り返した。

日本がポツダム宣言を受諾したことによって、中国は終戦処理と並行して国内の整備が必要となり、国民政府は共産党にも「共に国家建設に取り組もう」と、呼びかけた。

国共会談を重ね、国民政府は共産党の主張も取り入れて、合意をはかろうと試みたが、結局は決裂をすることになってしまった。国共統一の主導権をめぐって各地で政府軍と共産軍の衝突事件が頻発し、ついには内戦にまで拡大して、共産党は広範な地域をその支配下におさめていった。

中国共産党は中国領土のほぼ全域を掌中に収め、一九四九年十月一日には、中華人民共和国

（中国）の成立を宣言した。ここに「二つの中国」が存在することになる。

中華人民共和国は成立以来、国連に対し、中華民国を追放し、自らを承認・加盟させるよう要求を始めた。

共産主義という共通のイデオロギーに立つソ連は、翌十月二日には中華人民共和国を承認、次いで中国とは歴史的関わりの深いイギリスが、翌年の一月六日には承認している。これに対しアメリカは、中華民国が唯一の中国合法政府であると声明を出して、大陸にあるすべての公的機関を撤収した。

中華民国政府は十二月七日に台北を臨時首都とすることを発表し、蔣介石総統（一九四八年四月、初代の総統に当選）は公式に台北に転居して、そのまま定住することとなった。

一九五〇年二月には中ソ友好同盟相互援助条約が締結されるに至った。このように連合国の中に「中国政府」に対する考え方の相違点が、次第に浮き彫りにされるようになってきた。このあたりから、互いに正統政府であると主張する政府のどちらを選択すべきかという「代表権問題」が国際的な問題としてクローズアップされてくるわけである。

サンフランシスコ対日平和条約

戦後間もなくアメリカの主導のもとに、日本との講和条約締結の作業が開始された。当初は日本との交戦国すべてを対象とした全面講和を想定していたが、次第に米ソの対立が明確になり、一九五〇年六月に勃発《ぼっぱつ》した朝鮮戦争により、両国の関係は致命的となったために、いわゆる多数講和へと方向転換を図ることとなった。

「中国の参加」についても中華人民共和国は自ら準備段階からの参加を主張し、ソ連、イギリスもこれに同調して支援を行った。アメリカは、逆に中華民国を参加させるよう提案したが、これにはイギリスが反対をするという状況で、それぞれの思惑がからんで難航した。

朝鮮戦争では、中華人民共和国は朝鮮民主主義人民共和国（北朝鮮）を支援して、参戦するに及んで、アメリカとの関係は決定的な敵対関係へと進んでいった。中国の講和条約締結作業への参加問題については、各国からさまざまな意見が述べられた。

結局は米英の調整によって、まずは「中国」を除く国々と日本との間で条約を結び、その後、日本が「中国」のどちらの政府を選ぶかを自主的に選択させ、別途、選んだ相手との二国間条約を結ぶこととすることで決着をみた。

一九五一年九月八日、サンフランシスコにおける対日平和会議において、「中国」の代表はどちらも出席しないまま、四十八カ国との間に、対日平和条約は調印され、翌一九五二年四月二十八日発効となった。

日華平和条約

独立を回復した後、中華民国、中華人民共和国のいずれを平和条約締結の相手国とするか選択することになった日本に対し、アメリカは中華民国との締結を促す働きかけをしてきた。

アメリカ上院では、日本が中華民国との条約締結をすることを条件に、サンフランシスコ平和条約の批准承認をしようという空気であった。

吉田茂総理は、アメリカ国務省のダレス特使宛に送った書簡の中で、朝鮮戦争に参戦したことにより共産政権は国連の決議によって侵略者とされたこともあって、「日本は国連に同調して中華民国と条約を結ぶ用意がある」と述べた。さらに「日本政府が中国の共産政権と二国間条約を締結する意図を有しないことを確信することができる」と明記している。

日本が二国間条約の相手として、中華民国を選択した理由の主なものに次の点が挙げられる。
一、戦争の相手が中華民国であった。
二、当時、中華民国政府が、国連で中国を代表する唯一の合法政府として承認されていた。
三、一九五〇年四月発効の中ソ友好同盟条約は実質、対日軍事同盟条約であり、中華人民共和国は日本を敵視していた。

サンフランシスコ対日平和会議のあと、日華両国間の講和条約の締結交渉は開始された。条約の基本精神は、サンフランシスコ条約と共通のものであるが、条約の効力の及ぶ範囲（適用区域）が問題となった。

すでに中国大陸は実質的に中華人民共和国が占有し、中華民国の実効支配は及んでいない。

しかし、将来のことも考慮にいれたうえで、中華民国の主権が全領土に及ぶこととした。また、冒頭第一条で日華間の戦争状態の終結を宣言し、さらに、賠償請求権も放棄することをうたったのである。

日華平和条約は、ちょうどサンフランシスコ対日平和条約が発効した日、一九五二年四月二十八日に台北で調印され、八月五日の発効となった。

これら二つの条約が発効したことによって、日本はソ連、チェコスロバキア、ポーランドを除く交戦国との戦争状態に公式に終止符を打ち、占領から解放され、独立国として国際社会の一員として復帰することとなった。

難航続く対中外交

平和条約を結んだ日本と中華民国は、一九五二年八月に双方に大使館を開設し、関係正常化のための実務的な任務に着手した。

一方、現実に中国大陸を占有し、支配下におさめている中華人民共和国を無視するわけにもいかず、一九五二年四月には、民間の貿易を促進しようという目的で「日中貿易促進会議」を開き、日本社会党の議員が中心となって第一次日中貿易協定を結ぶことになった。

初めは、政経分離を原則としての出発であったが、次第に日本に対する政治的、また外交上の要求が顕在化するようになってきた。たとえば通商代表部の設置や通商代表部スタッフの外交官待遇、さらには国旗の掲揚権などの要求であったが、これらは中華民国側からの抗議によって否認されることとなった。

日本と中華民国の関係も必ずしも順調ではなかった。そこで、より緊密な関係を構築するために、日本には民間有力者による日華協会委員会を創設し、これに呼応して、中華民国側には中日合作策進委員会が組織された。そして、この二つの委員会が連携をして、両国間の政治、経済、文化、諸方面の親善友好と互助合作を促進することとなった。

一九五七年（昭和三十二年）六月には岸信介《きしのぶすけ》（一八九六〜一九八七）総理が、初めて中華民国を訪問し、両国の関係のいっそうの緊密化を図ることに努めた。

一方、一九五八年三月に結ばれた第四次日中民間貿易協定には、いったん消えたはずの通商代表部の設置、代表部員の特権、国旗掲揚権などが規定され、またあらためて日本政府は、これらを認めない旨を発表することとなった。

この年の五月、切手の展覧会を開催していた長崎のデパートで、掲揚されていた中華人民共和国の国旗、五星紅旗が引きずりおろされるという、長崎国旗事件が起こった。この事件により中華人民共和国は、日本に対し抗議を行って、日本とのいっさいの交流を中断することになった。

一九六〇年（昭和三十五年）いわゆる六〇年安保の混乱で総辞職をした岸内閣のあと、政権を引き継いだ池田勇人《いけだはやと》（一八九九〜一九六五）総理は、中華人民共和国との前向きな関係に取り組んだ。

一九六二年十一月には高碕達之助《たかさきたつのすけ》（一八八五～一九六四）、廖承志《りょうしょうし》（一九〇八～一九八三）の両氏の頭文字をとったLT貿易の覚書（日中総合貿易に関する覚書）が調印され、池田内閣はこれを了解した。十二月には日中貿易議定書が調印され、中華人民共和国側から指定された友好商社との間に貿易が進められることとなった。

一九六三年（昭和三十八年）八月、池田内閣は倉敷レーヨンのビニロンプラントに関する対中国延払い輸出を認め、政府の公的機関である輸出入銀行からの融資を決定した。

周鴻慶亡命事件――日華国交断絶の危機――

LT貿易の進展等により、日本と中華人民共和国との関係が緊密になるにつれ、逆に中華民国との関係がぎくしゃくしてきた。そんな中、一九六三年十月、東京で開催の世界油圧機械見本市中国訪日代表団の通訳として来日した周鴻慶《しゅうこうけい》が台湾への亡命を希望した。

しかし、法務省入国管理局はそれを認めず、周氏の身柄を北京へ送還するという事件が起こった。

中華民国政府は、この措置に強く抗議をして、大使館員の引き上げを実行したのである。

国交断絶の危機であった。

一九六四年二月、日華関係の危機を打開すべく、吉田茂元総理は池田総理の意をうけて訪華をし、台中に近い景勝地、日月潭《にちげつたん》湖畔の涵碧楼《かんぺきろう》（エバーグリーンホテル）で蔣介石総統と会談を行った。この会談での内容を東京に持ち帰って、池田総理をはじめ関係閣僚と協議したものをまとめ、会談に同席した張群《ちょうぐん》（一八八九～一九九〇）秘書長宛に届けた書簡がいわゆる吉田書簡である。

吉田、蔣介石会談の内容については、『蔣介石秘録』に詳しく記されているが、主要な事項を簡略にいえば次のようなことである。

一、中国大陸の民衆を共産主義勢力から解放し、自由主義陣営内に引き入れることが肝要。
一、そのために、日華両国が協力し共産主義を大陸から追放するよう誘導する。
一、日本は中華民国の大陸反攻を精神的、道義的に支持する。

吉田元総理の努力によって、日華間の危機は回避され、関係修復は実効を挙げることができた。

一九六四年十一月に池田政権に次いで佐藤《さとう》政権が誕生した。佐藤栄作《えいさく》総理は、日華関係の緊密化に力を入れることになった。一九六七年九月には佐藤総理は、自ら訪華をし、蔣介石総統との会談を通じて、信頼関係の確立に努力をしたのである。ちょうどわれわれ日華青年親善協会の第一回訪華団が、台湾を訪問していた時のことである。

佐藤政権は、七年八カ月という長期安定政権となった。

1972年5月15日は沖縄返還実現の日。マイクの前に立つ佐藤栄作総理。すぐ後ろが保利茂官房長官。左端が田中角栄幹事長。右端が筆者(総理官邸にて)

一九六七年、自民党青年局を中心に始められた日本と中華民国との青年交流の事業が順調に推進できたのも、佐藤総理の理解と支援という背景があったればこそである。

変遷する「台湾」の運命

話は少し遡《さかのぼ》るが、中華民国が一九四九年十二月七日に首都を台北に遷都した三日後の十二月十日に蔣介石総統は、台北へと転居をしたのである。以後中華民国の舞台は、台湾に移ることになった。

そこで、この際「台湾」についても若干触れておく必要があろう。

台湾は、地図で見るならば沖縄列島の南西延長線上に位置し、九州よりやや小さ目の島である。この島には、もともとタイヤル族、アミ族など、われわれ日本人が高砂族《たかさごぞく》と総称している原住民族がいた。細かく分類すると十四族といわれている。早くは六世紀末から七世紀の隋《ずい》の時代に中国大陸からの移住があり、十三世紀初頭には、中国の版図に組み込まれ、十六世紀に入ると集団的な漢民族の大陸からの移住が進んでいる。

オランダが台南を中心に台湾の南部を一六二四年から一六六二年まで三十八年間、またスペインが一六二六年から一六四一年まで基隆《きいるん》を中心に北部を十五年間にわたって占領していた。鄭成功《ていせいこう》（一六二四～一六六二）（国姓爺《こくせんや》）が、オランダを降服させた話はよく知られている。中国は、この間明《みん》朝から清《しん》朝へと移行した時代である。ちなみに愛新覚羅《あいしんかくら》氏は一六四四年頃満州から南下し、清を号した。

清朝は、一六八四年に台湾を福建《ふっけん》省に隷属させ、福建台湾省と称したが、台湾で起こった事件に関しては、「台湾は化外《けがい》の地」と呼び、その責任を放棄していた。一八七一年、台湾に漂着した琉球人五十四人が台湾原住民によって殺害される「琉球漂流民殺害事件」（台湾側では「牡丹社事件《ぼたんしゃじけん》」）が起こり、副島種臣《そえじまたねおみ》（一八二八～一九〇五）外務卿が清国と折衝を行ったが、清国は責任を回避したため、日本は征台軍を台湾へ派遣して、蕃族《ばんぞく》を討伐するという出来事があった。

一八九四年（明治二十七年）に勃発した日清戦争で日本は勝利を収め、翌年締結された下関条約により、台湾は日本に割譲されることになった。日本の占領に反対して「台湾民主国」が名乗りをあげたが、やがて崩壊をして、一九四五年八月の終戦までの五十年間、台湾は日本の統治下に置かれることになったのである。

占領政策として、台湾人に対して、日本人との「同化政策」、「皇民化運動」を推進して、日本語を常用すること、姓名を日本人のように改めることなどを要求し、さらに日本の教育を実施した。

台湾側から日本への反抗も時に激しいものがあり、一九〇七年の北埔《ほくふ》事件をはじめ林圯埔《りんいふ》事件、六甲《ろっこう》事件等、多くの犠牲者を出す抗日事件が起こった。とくに一九三〇年（昭和五年）に起こった蕃人と呼ばれた山地民族との霧社《むしゃ》事件は、史実を調べれば誠に凄惨《せいさん》であり、鎮圧する側、される側合わせて千人を上回る生命が失われたといわれている。

霧社とは現在の南投県仁愛郷のことである。この事件から今年（二〇二一年）は九十一年になるが、私の日台交流の延長でこの地とは特別な関わりを持つに至っている。どんなことか後述する。

一九三七年、中国大陸で蘆溝橋《ろこうきょう》事変が起こり、一九四一年から太平洋戦争に発展するや、台湾人の徴用が行われ、やがて徴兵制も適用されることとなった。台湾人も日本の軍人（高砂義勇隊）として、大陸や南方の戦地にて従軍する運命を負う歴史的悲劇に遭遇することになったのである。

台湾人のこの戦争における犠牲は、計り知れない。

一九四五年八月、日本は「満州、台湾などの中華民国への返還」などを内容とするカイロ宣言（一九四三年）を継承したポツダム宣言を受諾して終戦を迎え、台湾の統治権は、中国に返還された。
　時の中国は、中華民国であり、台湾は中華民国の一省となった。

Ⅱ

一九七二年
——戦後日本外交の大転換

第四章　日華断交秘話

田中政権最大の外交課題、「日中正常化」への潮流

長期に及んだ佐藤政権が退陣をし、一九七二年（昭和四十七年）七月七日、いわゆる〝角福戦争〟を経て、田中角栄氏が自民党総裁に選ばれ、田中内閣が誕生した。

田中総理は、日中正常化を外交の最重要課題として取り上げた。中華民国との友好関係を重視してきた佐藤政権ですら、その末期には中華人民共和国との関係正常化に腐心をしていた。そのことを考えてみても、日本政府としては、この課題は早急に解決しなければならない問題であったはずである。

この歴史的課題に取り組むために田中総理は、盟友といわれていた大平正芳氏に外務大臣への就任を要請した。

日中国交は具体的に表の外交スケジュールにのぼり、外務省はにわかに慌ただしさを増してきた。八月末には、日米首脳会談がハワイで開催されることになり、その主題の一つに中国問題が取り上げられることは必定であった。この年二月には、ニクソン大統領はすでに訪中をすませていた。そのこともあって、田中総理は一日も早く北京を訪問することを考えていたに違

ご購読ありがとうございました。今後の出版企画の参考に致したいと存じますので、ぜひご意見をお聞かせください。

書籍名

お買い求めの動機

1　書店で見て　2　新聞広告（紙名　　　　　　　　　　）
3　書評・新刊紹介（掲載紙名　　　　　　　　　　）
4　知人・同僚のすすめ　5　上司・先生のすすめ　6　その他

本書の装幀（カバー），デザインなどに関するご感想

1　洒落ていた　2　めだっていた　3　タイトルがよい
4　まあまあ　5　よくない　6　その他（　　　　　　　　　　）

本書の定価についてご意見をお聞かせください

1　高い　2　安い　3　手ごろ　4　その他（　　　　　　　　　　）

本書についてご意見をお聞かせください

どんな出版をご希望ですか（著者、テーマなど）

郵便はがき

料金受取人払郵便

牛込局承認

9410

差出有効期間
2021年10月
31日まで
切手はいりません

162-8790

東京都新宿区矢来町114番地
神楽坂高橋ビル5F

株式会社ビジネス社

愛読者係行

ご住所 〒 TEL: ( ) FAX: ( )		
フリガナ お名前	年齢	性別 男・女
ご職業	メールアドレスまたはFAX メールまたはFAXによる新刊案内をご希望の方は、ご記入下さい。	
お買い上げ日・書店名 年 月 日	市区 町村	書店

いない。

総理は、就任後の初閣議において、日中正常化を推進する旨を発表した。当然のごとく中華民国側からは、強い反発の意思が表示された。七月二十日、中華民国は、日本政府が国際信義と条約義務を尊重し、正しい判断をして中共の陰謀に乗らないようにとの声明を発表した。また、七月二十五日には彭孟緝《ほうもうしゅう》（一九〇八〜一九九七）大使が大平大臣を外務省に訪ね、日中国交への動きを牽制《けんせい》している。

さらに、八月八日には、蔣経國行政院長が次のような声明を発表した。

中華民国政府は、中国唯一の正統政府であり、中国大陸に対して主権を有し、かつ二十数年にわたって台湾本島、澎湖島《ほうことう》、金門、馬祖島《ばそとう》等の領土において有効的に主権を行使している。これは、他のいかなる国がとった行動によっても、いささかも影響を受けるものではない。ここに重ねて前述した主旨を強調し、日本政府が両国の国交を損ない、アジア太平洋地区の平和と安全を害するすべての行動を停止し、歴史上の重大なる過ちをおかさないよう警告する。

中国問題の難しさは、正統政府を主張する二つの政府が存在し、そのいずれかと外交関係を持とうとすれば、片方とは断交という結果を生ずる関係になることである。しかも、そのいずれの政府もが、わが国にとって歴史的、地理的関係から無視することのできない存在であるのだ。

国際的にいずれの政府を中国を代表する政府として認めるかという問題は、後に述べる中国の代表権という問題であるが、わが国の場合は過去の歴史的な関わり合いとのからみから、諸外国の立場とは異なり、さらに複雑さが加わるわけである。この二者択一は、まさに苦渋の選択である。

わが国は終戦後、一貫して中華民国の国民政府と外交関係を持ってきた。それは、次のようなことに起因している。

まずは前述したとおりに、日本が戦争をした相手は中華民国であったこと。第二は、終戦の時点では中華人民共和国はまだ成立していなかったこと。そのため中華民国と戦後処理を進める過程で、連合国の中で中華民国の蔣介石総統が、常に日本に好意的な態度で臨んでくれたことである。

こうした理由から一九四九年十月一日には、中華人民共和国が誕生したものの、一九五二年四月に中華民国を中国を代表する政府として、国民政府との間に日華平和条約を調印したのである。しかし、終戦後、中国で再発した国共内戦の結果、一九四九年十二月に首都を南京から台北に移した国民政府の実効支配が及ぶ範囲は、台湾本島、澎湖島、金門、馬祖島などの全中国領土からすればきわめて狭い地域に限られてしまった。

一方、北京を首都とする中華人民共和国は、広大な領土と十数億に及ぶ膨大な人口を擁することになり、それらの条件を背景にして、年ごとに国際社会での存在感を誇示するようになった。

国連においても、中華人民共和国の北京政府を中国の正式代表として招請すべきであるというムードが年とともに高まり、ついに一九七一年十月の第二十六回国連総会での「中国招請、台湾追放」への流れとなったのである。

大平外務大臣から特使受け入れ交渉の依頼

そのような中国をめぐる世界の潮流の中で、田中総理が早期に日中正常化を実現する決意を固めたことは、容易にうなずけることである。

一九七二年八月十五日、田中総理は周恩来総理の招請に応じて訪中することを明らかにし、大平外務大臣は、日本と中華人民共和国との関係正常化協議が達成された時点で、中華民国との国交は断絶することになる旨の発言を行った。これに対し中華民国政府は、翌十六日に彭孟緝駐日大使を通じ、大平外務大臣に抗議を申し入れた。

大平外務大臣は、彭大使の抗議に対し、はっきりと、「日中正常化は時の流れであり、中華民国との外交関係を維持しえないことに関しては断腸の思いである」といい切った。

軍人出身である彭大使は強い口調で、「日本は中国を侵略した時、三カ月で中国を征服できると大言壮語したが、中国人は八年の徹底交戦でついに勝利を勝ちえたし、日本は敗戦の憂き目にあった。それなのに日本は反省もせず、道義を弊履《へいり》のごとく捨て去り、共産主義者と手を握って再びアジアに禍根を植えつけようとしている。中華民国と日本国は、なお国交があるのに外務大臣からこのような話を聞くのは心外であり、断腸の思いである。大平外務大臣は、将来、総理総裁にもなる方であり、過去のような間違った方向を選ぶべきではない」と激しく応酬した。

大平大臣と彭大使のやりとりについては、その時、同席していた林金莖《りんきんけい》（一九二三〜二〇〇三）政務参事官が、著書『梅と桜・戦後の日華関係』に以上のように記している。

林金莖氏は亜東関係協会駐日代表を経て、その後、台北駐日経済文化代表処の代表を務められた。

日中正常化を手がける前提条件として、まずは、これまで外交関係を維持し、友好関係を維持してきた中華民国に対して、日本の立場、日本政府の考え方を説明し、今後の行動についての理解を求める必要があるわけである。そこで田中総理は、その役割を自民党元老の椎名悦三郎代議士に日本政府の特使というかたちで引き受けてくれるよう依頼したのである。

椎名代議士は、八月二十二日の自民党総務会で副総裁に就任し、翌二十三日、特使の引き受けを承諾している。

外務省とすれば、なんとか八月末の日米首脳のハワイ会談までに特使を訪華させようと考えていた。そこで外務省当局は、中華民国駐日大使館との間に椎名特使の派遣問題についての交渉を開始した。しかし、時間的余裕もないうえに最初の段階から厚い壁につきあたったのである。

中華民国側にすれば、田中総理の中国問題に関する考え方はすでに十分わかっていることであり、特使にしてみても喜ばしい話をしに来るとは到底思えない。日本の事情、政府の考え方を一方的に説明しにくると思われる特使を、そう簡単に受け入れるわけにはいかないのである。

毎年夏期には、アジア青年学生育楽営というアジアの若者の集いが台湾で催された。この年も予定どおり日本から十名程度の大学生を中心とした日本代表団を派遣することにした。政府間の特使派遣の難しい交渉が行われている最中にもかかわらず、われわれの青年交流の話は、同じ中華民国大使館を相手にしながらも、何の支障もなくきわめて順調に進められた。

若者たちを台湾に送り出し、ひと息ついていた八月十九日に、日本経済新聞社の山岸一平氏から電話をもらった。

「大平さんが、松本君に会って話をしたいということだ。君の都合さえよかったら、今晩にでも私邸の方へ来てもらえないだろうか、ということだが……」という内容だった。

大平大臣が日中正常化の問題に関し、中華民国側との折衝で頭の痛い状況にあることを知っていた私は、この電話を聞いた時、ある種の予感を覚えた。

山岸氏は大学の先輩であり、政治部の記者であったので、私が自民党で働くようになってからは、しばしば接触の機会を持っていた。山岸氏は宏池会《こうちかい》、特に大平番を務めたこともあり、大平大臣とは特別親しい間柄であることは知っていた。

一方、私も個人的に大平大臣にはそれまでかわいがっていただいた。党の職員と閣僚とは、日頃は特別の場合を除いて、あまり仕事上の接触はない。しかし、選挙の時だけは、党本部に閣僚遊説班が設けられて、全閣僚は最低でも一週間の日程を党のために拠出して、党の計画に従った遊説活動を行うことになっていた。

閣僚の選挙運動には、大臣秘書官のほかに党の職員が随行する。そんなことから、私は一九六九年（昭和四十四年）十二月の総選挙の折、当時通産大臣だった大平大臣のお供をする機会を得て、道中いろいろな話をしているうちに親しくさせていただくようになった。

遊説先の宿でのことであるが、私に「君は台湾について詳しいそうだなぁ」と話しかけられ、いろいろな話をしたことがあった。

夕方、山岸先輩が自民党本部に私を迎えにみえて、一緒に大平邸まで同行してくれることになった。

大平大臣は、世間話が終わったあと、核心に触れた話を始めた。

「松本君、台湾の件だが、椎名先生に内々特使をお引き受けいただくつもりで考えているのだが、先日、彭大使とも会って、日本側の考え方をいろいろ話をしてみたが、彼は大変高姿勢な態度で僕に抗議をする一方なんだ。このぶんでは、とても特使を受け入れてくれるような雰囲気ではないのだよ。誠にけしからん」

あのいつも冷静な大平大臣にしては珍しく、彭大使の言動がよほど気にさわったものとみえて、憤慨ぶりを隠そうとしなかった。

「もっとも大使レベルの判断で、諾否は決められるものではないのだが。君にご足労願ったのは、いずれ特使が決まったら、その受け入れ交渉を手伝ってもらいたいと思ったからなんだ。相手はやはりトップでなければ駄目だよ」

と、切り出した。私は、

「私のような若造には、とてもそんな大役は務まりません。それに私たちは今日まで、将来にわたって日華両国が友好関係を継続して行けるようにと、若い世代の交流を続けてきたのです。特使の派遣がもたらす結果は、なんとなく私が期待するものとは異なる方向に進むのではと懸念されます」

と答えた。しかし、大臣は、

「これはひいては、日本のためだと思って引き受けてもらいたい」

と語気を強め、

「松本君のことは、椎名先生に特使をお引き受けいただけたら話をしますから、早急にご挨拶に伺って下さい。また、外務省の方はアジア局と接触をして下さい」と話された。

私は、「いったい、私のようなものに、何がお手伝いできるか、考えさせて下さい」と返事をして大平邸をあとにした。

帰路、車中で山岸先輩から「大変な役割をおおせつかってしまったなあ。でも、こんな話はそうそうあるものではない。男としてやりがいのあることじゃないか。ぜひ、頑張ってみろよ」と励まされた。

勇気がわいた石田博英委員長の言葉

大平大臣は、いったいなぜ、私のような若輩ものに、こんな大事を話されたのであろうか。

戦後一貫して日本国政府は中華民国と友好関係にあり、その時よりつい一カ月と少し前の佐藤政権までは、両国間には太い人脈があったわけである。日本側では佐藤栄作前総理は言うを待たず、岸信介元総理、石井光次郎《いしいみつじろう》(一八八九〜一九八一年)、船田中《ふなだなか》(一八九五〜一九七九)両衆議院議長経験者をはじめとする元老グループ。中華民国側は蔣介石総統の側近といわれた張群総統府資政、何応欽将軍、谷正綱世界反共連盟会長の各氏。

しかし、日本はこれまで中華民国とは、ほとんど特別な付き合いのなかった田中総理の時代となった。先方は、これまた日本とは従来特別な関係を持っていなかった蔣経國行政院長が実権を握っている。このように両国ともトップの世代が変わってしまったのである。

蔣経國院長は父・蔣介石総統の側近の人々が、長い間、日本と深い関わりを持ってきたことを尊重し、自らは対日関係は遠慮をして対米関係に専念をしてきたのである。ここに、日華関係が新しい時代に入ると同時に、国のトップレベルでの人脈が途絶えてしまった理由がある。

佐藤総理がある時、

「私の時代までは日本と中華民国は良好な関係でいられるが、次の時代になるとパイプがなくなってしまう恐れがある。だから、将来のために若い世代間の交流が必要なのである」

と、私たちに話をされていたことがあったが、その予言がまさに的中した感があった。

そういう事情からすれば、私は、現在の中華民国の実権者である蔣経國氏と話をしたことのある、数少ない日本人の一人ということになるのかもしれない。


自民党では、日中国交を推進するため、一九七二年七月十三日、小坂善太郎代議士を会長とする日中国交正常化協議会を設立していた。

そこでは、中華民国との関係をどうするかについて六十数時間に及ぶ論議がなされた。全体の雰囲気からすれば、数のうえからも台湾擁護派といわれている側が劣勢にたたされていた。

ついには、「中華民国だの台湾だのと言っている諸君たちは、わが党の副総裁である椎名特使の受け入れさえしてもらえないではないか。あなた方が思っているほど、あちら側はあなた方の立場を考えてはいないじゃないか」などという発言も飛び出してきた。中華民国との関係を何とかよい形で続けていこうという議員たちは、次第に窮地へ追い込まれていった。

私は、これは大変な事態になってきたと心配した。なんとか中華民国政府に特使の受け入れをしてもらわないことには、中華民国との国交を継続して行こうと思っている議員が面子を失い、後々にしこりを残すことになりかねないと考えた。もしそうなったら一大事である。やれるかどうかは別として特使の受け入れ交渉に向け、ともかく全力で努力してみようと決意した。

一九七二年七月七日の〝角福戦争〟により誕生した田中総裁は、田中、大平、中曽根《なかそね》、三木《みき》の四派の結束による勝利の結果であった。四つの派閥がおのおの論功行賞的に一名ずつ党の要職を占めることになり、幹事長、総務会長、政調会長の党三役につぐ全国組織委員長のポストに、異例の三役同格待遇という条件で、大物といわれた三木派の石田博英《いしだひろひで》（一九一四〜一九九三）代議士が就任した。そして、私は全国組織委員長付を命ぜられ、大平大臣から大きな宿題を預けられた頃は、石田委員長の側で緊張した毎日を過ごしていたのである。

まずは、大平大臣からの話の件を石田委員長に伝えなければならない。しかし、特使の受け入れ交渉などという話は、党の組織委員会、まして委員長の業務とはまったく関係のないことであって、とても石田委員長の理解を得ることはできないのではないかという心配があった。

石田代議士といえば、かつて、日本の政治史に残る劇的な、石橋《いしばし》内閣誕生を実現させた大立者といわれている政治家である。石橋湛山《たんざん》（一八八四〜一九七三）元総理は、中国には特別な思い入れを持っていたと聞いていたし、石田代議士も代議士になる前は、日本経済新聞社の前身である中外商業新報社の上海支局長を務めており、大変な中国通であると知られていた。

おそらく、中国問題となると格別造詣《ぞうけい》が深く、高邁《こうまい》な見識を持っておられるはずで、場合によってはお叱りを受けることになるかもしれない。それにしても大平大臣からの話をそのまま放っておくわけにもいかない。私は、悩んだ。しかし、急を要する大事だと思い、意を決して、翌日、それまでたずさわってきた青年交流のことから、前夜の大平大臣の話に至る一部始終を率直に述べ、石田委員長の判断を仰いだ。

葉巻をくゆらせながら言葉を挟まずに私の話を聞き終えたあと、大きくうなずいて「思い切り頑張ってごらん。僕のことは心配しないでいいから」と、台湾との特使受け入れ交渉に当たることを即断快諾をして下さった。胸につかえていた不安の塊《かたまり》が一気に消失した。

石田委員長の懐の深さ、度量の大きさに触れ、僭越《せんえつ》な言い方だが、さすがに大物といわれるだけの政治家であると大いに感服させられた。

石田委員長の許可が得られた以上は、やれるだけやってみようと、全身から勇気が湧いてきた。

夏の期間中、自民党では各派閥の研修会が盛んに行われていた。椎名副総裁率いる椎名派は、箱根の仙石原に集まっていた。たしか八月二十四日か二十五日だったと思う。私が副総裁を訪ねると、「君のことは外務大臣から聞いている。秋田君《あきた》と打ち合わせをしてくれ」と言われ、秋田大助《だいすけ》（一九〇六～一九八八）代議士をお呼びになった。

秋田代議士も「具体的なことは自分にもわからないので、外務省とよく連絡をとるようにしてくれ」とのことであった。

仙石原の秋の訪れは早い。まもなく終わる夏を惜しむかのように、蟬時雨《せみしぐれ》がひときわ賑《にぎ》やかだった。

数日後、外務省ではアジア局次長の中江要介《なかえようすけ》（一九二二～二〇一四）参事官が私を待っていた。中江参事官は、大平大臣から、松本君とよく打ち合わせをするようにとの指示を受けている、ということで、すぐに核心に触れた話に入った。

日米首脳会談が切迫した現時点でも、なお中華民国大使館からの特使受け入れの回答が得られない。したがって、その件は後日に先送りをすることにして、まずは首脳会談の準備に取りかかっているのだという。「いずれは、松本さんの協力をいただかなければなりませんので、ハワイ会談終了後、当方から電話をかけさせていただきます」ということで、その場は別れた。

田中・ニクソン会談で国交正常化は秒読みに

田中総理とニクソン大統領のハワイでの首脳会談は、九月一日にオアフ島のホテルで行われた。中国問題は当然、日米両国共通の主要テーマであった。あとで知ったことだが、田中総理はニクソン大統領に対し、このハワイ会談の席上、自ら訪中し日中国交正常化を果たすことと、その結果、中華民国との外交関係は断絶せざるをえなくなる旨を伝えていた。

ハワイ会談を終えて帰国した田中総理、大平外務大臣は、日中国交正常化への具体的プログラムの検討を当局に命じ、いよいよ日本政府の北京へのアプローチは秒読みの段階に入った。

遡《さかのぼ》る九月八日、与党自民党は、それまで延々と議論し続けてきた日中国交正常化協議会の意見を集約して総務会に諮り、次のような「日中国交正常化基本方針」の党議決定を行った。

日中国交正常化交渉にあたり我が国政府は、次の諸点に留意すべきである。特に我が国と中華民国との深い関係にかんがみ、従来の関係が継続されるよう十分配慮のうえ交渉すべきである。

一、日中正常化は国連憲章、バンドン十原則に基づいて行われるべきである。
二、相互に異なる体制を尊重し、内政に干渉せず友好国との関係を尊重する。
三、相互に武力、及び武力による脅迫は行使しない。
四、相互に平等な経済的、文化的交流の増進に努め、差別的取り扱いをしない。
五、相互にアジアの平和と繁栄のため協力する。

後々まで、問題となったのは、この「従来の関係」という文言をめぐる解釈である。

中華民国擁護派は「従来の関係」には外交関係も含むものとし、一方、日中推進派は外交関係を除いた部分の関係、と解釈できるように曖昧《あいまい》にしたことによる。これが、いわゆる玉虫色の表現といわれるものであって、それぞれの立場によって自分たちに都合のよいように解釈できる表現になっていた。

九月八日午前、中江参事官から党本部の私に、外務省まで来てほしいとの電話が入った。特使派遣の問題は、待ったなしの段階に至ったという。なんとか都合をつけて今日、明日にでも台北へ飛んでもらえないか、という要請であった。外務省は、翌日、私に椎名悦三郎特派大使秘書という身分の公用旅券を発給した。台湾へ渡航するには、当然、中華民国の入国査証（ビザ）が必要である。私は十日に出発することを決め、その足で中華民国大使館に出向いた。大使館では、その場ですぐに公用ビザを発給してくれた。

私は思案した。台北に行って、いったい誰に会い、どのような話をしたらよいのだろうか。大平大臣の頭の中には、私が蔣経國行政院長とのパイプがあることを想定して、そのあたりとの関係から、何らかの成果が得られることを期待されておられるに違いない。しかし、対日関係となると、蔣院長はたぶんご自身の考えだけでは判断を下されないであろう。

そうだとすると、これまでの日華交流の歴史から考えてみて、キーマンは張群総統府資政以外にはありえない。張群資政には、これまでお目にかかったことはないし、喜ばしくもない話を聞くために、はたして私のような若造に会って下さるだろうか。こう考えていると不安は募

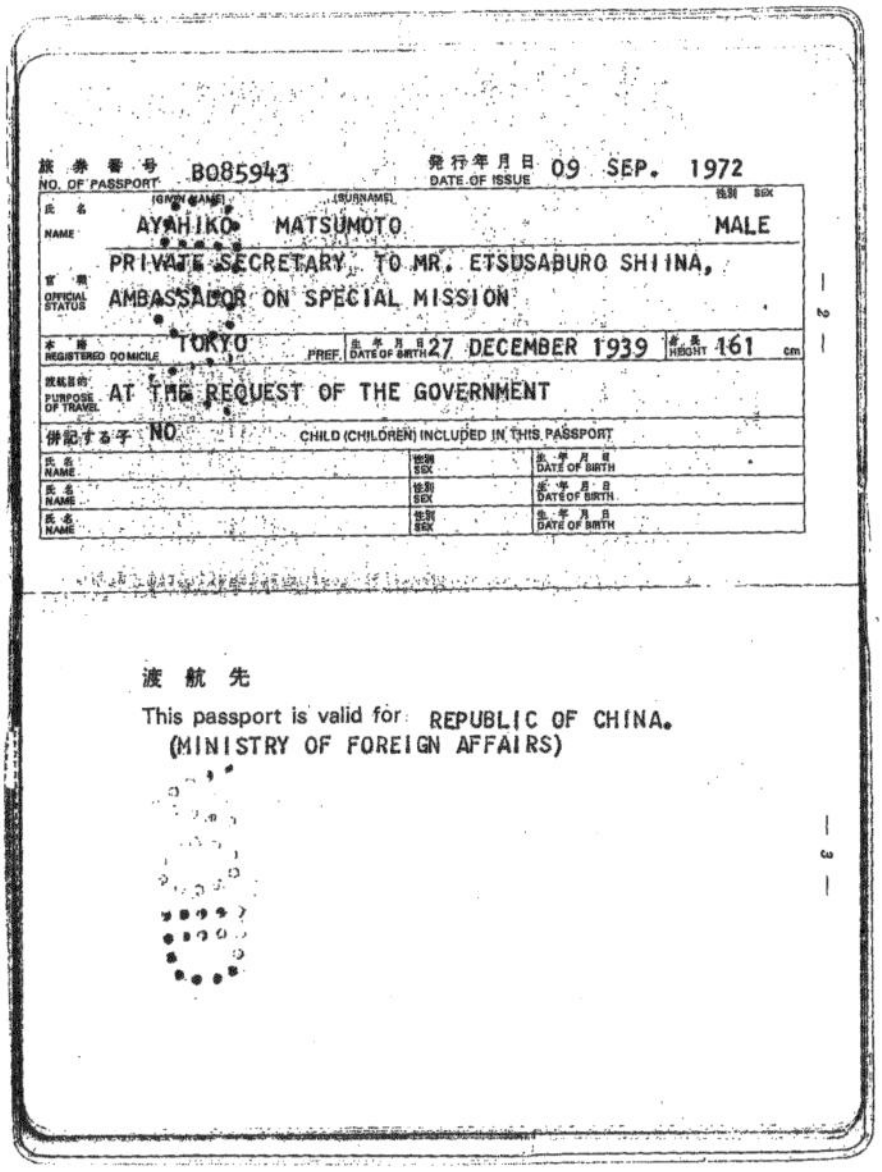

旅券番号 NO. OF PASSPORT B085943　発行年月日 DATE OF ISSUE 09 SEP. 1972

氏名 NAME (GIVEN NAME) AYAHIKO (SURNAME) MATSUMOTO　性別 SEX MALE

官職 OFFICIAL STATUS PRIVATE SECRETARY TO MR. ETSUSABURO SHIINA, AMBASSADOR ON SPECIAL MISSION

本籍 REGISTERED DOMICILE TOKYO PREF.　生年月日 DATE OF BIRTH 27 DECEMBER 1939　身長 HEIGHT 161 cm

渡航目的 PURPOSE OF TRAVEL AT THE REQUEST OF THE GOVERNMENT

併記する子 NO　CHILD (CHILDREN) INCLUDED IN THIS PASSPORT

氏名 NAME　性別 SEX　生年月日 DATE OF BIRTH

氏名 NAME　性別 SEX　生年月日 DATE OF BIRTH

氏名 NAME　性別 SEX　生年月日 DATE OF BIRTH

— 2 —

渡航先

This passport is valid for: REPUBLIC OF CHINA.
(MINISTRY OF FOREIGN AFFAIRS)

— 3 —

外務省から発給された公用旅券
(1972年9月)

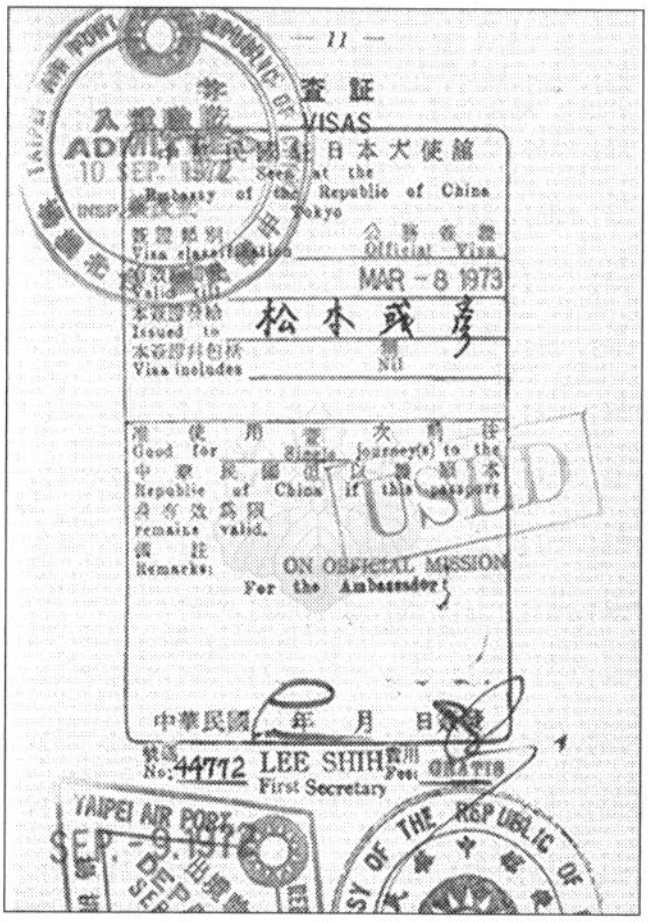

— 11 —

簽証 VISAS

中華民國駐日本大使館
Seen at the Embassy of the Republic of China Tokyo

簽證類別 Visa classification 公務簽證 Official Visa

MAR - 8 1973

本簽證持給 Issued to 松本彧彦

本簽證并包括 Visa includes 無 NIL

Good for Single journey(s) to the Republic of China if this passport remains valid.

備註 Remarks: ON OFFICIAL MISSION For the Ambassador

中華民國　年　月　日

No. 44772 LEE SHIH　First Secretary　Fee: GRATIS

中華民国の査証

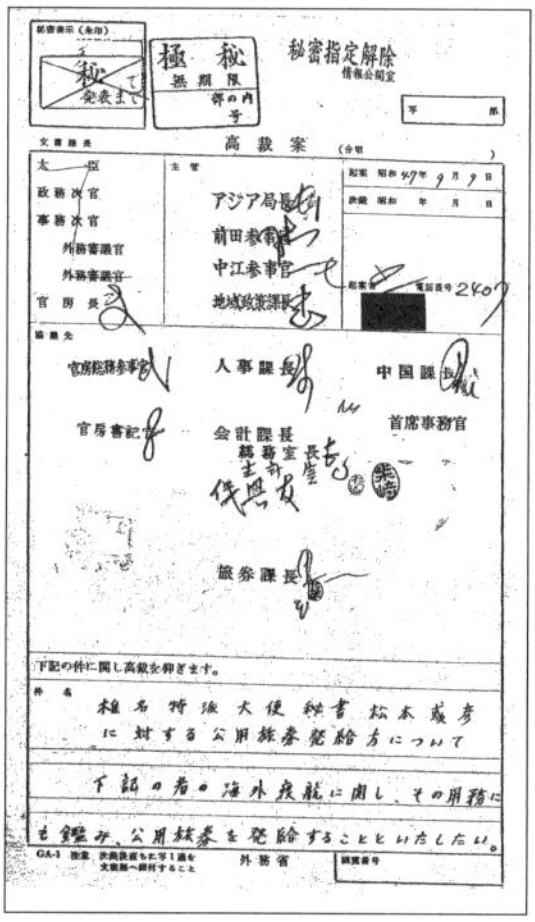

秘密表示（朱印）　秘　発表まで

極秘　無期限

秘密指定解除　情報公開室

高裁案

大臣　政務次官　事務次官　外務審議官　外務審議官　官房長

主管　アジア局長　前田参事官　中江参事官　地域政策課長

起案 昭和47年9月9日　決裁 昭和　年　月　日

起案者 [redacted]　電話番号 2407

協議先　官房総務参事官　人事課長　中国課長　官房書記官　会計課長　首席事務官　旅券課長

下記の件に関し高裁を仰ぎます。

件名　椎名特派大使秘書松本彧彦に対する公用旅券発給方について

下記の者の海外渡航に関し、その用務にも鑑み、公用旅券を発給することといたしたい。

外務省

公用旅券発給の決裁文書
(1972年9月)

る一方だった。大使館には青年交流を通じ数名の友人がいる。知り合ったその一人、楊秋雄氏にこれ迄の経緯を説明し、助力を相談した。楊氏は救国団の出身で蔣経國院長の系列に属している。上司の宋越倫公使は張群資政との関係が深いと聞いていた。この二人で何か手を打ってくれるのではないかと期待をした。まずは台湾へ行って全力でぶつかってみるしかないと、自らを懸命に奮い立たせた。

知日派ナンバーワン・張群資政との面会が実現

九月十日、この日は日曜日であったが、台北に着くとすぐその足で日本大使館に出向き、宇《う》山厚《やまあつし》大使に面談して、あらためて訪華の目的を伝えると同時に情報交換を行った。問題はこれからである。ビザを申請した時に中華民国大使館には渡航の目的について一通り話をしている。したがって、外交部へはその旨の連絡が来ているはずであるが、それだけでは、もちろんどうにかなるものではない。やはり、頼りとするところは救国団である。救国団とは正しくは、中国青年反共救国団といい、蔣経國氏が行政院長になるまで長年の間責任者を務めてきたわれわれ青年交流のカウンターパートである。

翌十一日朝、早々に救国団に宋時選執行長を訪ねた。宋氏は、すでにふれたとおり蔣経國院長の側近の一人で、蔣家とは、台湾へ移り住む以前の、大陸時代からの身内である。私は、この一部始終を説明したうえで、張群資政への面会が実現できるよう段取りを懇願した。

張群氏は一八八九年の生まれであるから、その時すでに八十三歳であった。一九〇七年、蔣介石氏らとともに軍事留学生として、日本の陸軍予備学校である振武学校に入学した。卒業後、見習士官として、蔣介石氏と新潟の高田連隊に配属された。実は、生涯の盟友となった蔣、張両氏が知り合ったのは、この日本留学の時であったと、張群氏の『日華風雲の七十年』に記されている。この頃、孫文の同盟会が日本で設立され、この二人は孫文の三民主義の思想に共鳴してこれに加盟。一九一一年、辛亥《しんがい》革命の勃発《ぼっぱつ》で中国に帰国して革命活動に参加した。中華民国誕生後は外交部長、第二次大戦後は行政院長、そして総統府秘書長の要職を務め、とくに知日派ナンバーワンとして常に対日関係にたずさわっていた第一人者である。

東京の楊秋雄氏からの連絡により、宋時選執行長が早急に動いてくれた。話は驚くほど早かった。その日の夕刻にはホテルの私宛に返事が届いた。翌日、張群資政を総統府に訪ねるようにとのことであった。いったい宋執行長が外交部へ話を通してのことなのか、直接、総統府と連絡をとってのことなのか、蔣行政院長に相談をした結果なのか、どのような経路でそんなに早く結論が出されたのか、私にはわからない。明日は一生のうち何度も経験することはない大事に当たるのかと思うと、その夜はさすがに緊張して、なかなか寝付けなかった。

総統府は、日本時代に台湾総督府が使っていた、ルネッサンス式の塔がそびえる赤レンガの建物で、周囲にある諸官庁の建造物の中でもひと際目立つ偉容を誇る建物である。

以前に総統府の正面とは向かい合う位置にある中国国民党本部や近くの外交部へは何度も足を運んだことがあり、そのたびに建物を外から眺めてはいたが、中に入るのは初めてのことであった。

私が総統府に到着すると玄関には、この春、蔣経國氏を訪ねた時に通訳をしてくれた外交部日本担当の柯振華《かしんか》氏が迎えに出てくれていた。柯振華氏を見て私は、少しホッとした気持ちになった。柯氏は、総統府資政の秘書という立場にもあって、今回もまた通訳をして下さるということであった。入口の両側に立って銃剣をたずさえている儀杖《ぎじょう》兵の儀礼を受けながら、かなり緊張した気持ちで建物の中に入ると、階段を上った奥の応接室に案内された。

私は、張群資政との初めての出会いを心引き締まる思いで、起立して待っていた。

もう一人秘書を伴って入室してこられた張群資政の表情は、写真で見て知っていた、いつも微笑みをたたえている温和な顔そのままであった。座るように促され、表敬の挨拶をして深々とした椅子に腰をおろし、さっそく私は切りだした。

「私たち日本の青年たちと貴国の青年たちとは、五年前から組織的な交流を続けてきております。これは、将来にわたって日華両国が友好関係を継続していけるためにと若い世代間の親善を図り、相互の理解と信頼を築いていくことを目的としているものです。

日本側は自民党青年局が、そして貴国では青年救国団が窓口となっています。今、五年経って、ようやく友情の輪が広がってきた実感を得ているところです」

区切れ区切れで柯振華氏が通訳をし、張群資政はうなずいている。

「しかし、このところ田中政権になってから、日本ではにわかに北京との関係改善を図ろうという動きが活発になり、政府はそのための準備に取りかかっています。自民党でも政府を支援しようという勢力の言動が、著しく目立つようになってきました。椎名副総裁が特使として貴国を訪問しようという件につきましても、貴国の受け入れ承諾の返事がいただけない現状から、自民党内の貴国との関係を大切にしようというグループが、次第に窮地に追い込まれてきております。もし、あくまでも特使が受け入れられないということになりますと、日本と中華民国の間に、何かしこりのようなものが残ってしまい、私たち若い者たちの交流にも支障をきたしかねないと心配されるのです。最近の日本側の情勢からしますと、政府が考えておりますことは、貴国にとりまして歓迎すべき内容のものではないという想像がつきます。

しかし、実際のところは特使の入国が認められた場合のことではありますが、特使がどんな話をし、また貴国政府との間にどんな折衝が行われるのか、もちろん私にはわかりません。仮りに政府間の関係が、いかなることになろうとも、将来にわたって私たちの交流が発展をとげ、さらに友情の輪を広げていくことができますようにご指導をお願い申し上げたいと存じます。大変、虫のいい話だとお叱りをいただくかもしれませんが、将来のことをお考えいただき、少なくとも両国が感情的なしこりを残したまま、喧嘩《けんか》別れをするというようなことにならないよう、そのためにも何とか椎名特使の受け入れだけは、ご承諾いただけないものかとお願いに上がった次第です」

私の方が、おおよそこんな内容の話を一方的に続け、ここでひと区切りをつけた。

通訳を介してうなずきながら聞いていた張群資政は、いきなり日本語でゆっくりと話を始められた。

「松本君の話はよく理解できました。あなたよりもっと若い頃でしたか、私は日本で学び、大勢の日本の青年たちと仲良くし、たくさんの友人をつくりました。そのことが、蔣介石総統とともに戦後日本との関わりのうえで、大変よい関係を持ってこれたことにもつながっていると思われます。将来のために、あなた方の青年交流が発展していくことを祈ります。お話の件については、十分考えてみましょう」

形式ばった場では、日本語がよくわかっている人でも、わざわざ通訳を介して話をするのが通例である。しかし、通訳を側におきながら、初対面にもかかわらず形式ばらずに日本語で話をして下さった。よそよそしい他人行儀の対応とは違う。資政の私に対する態度、物腰に温かみが感じられた。日本の青年の私の訴えを素直に受けとめ、話を真剣に聞いて下さった。

私なりに、強く感じるところがあった。長居は無用と思い、丁寧にお礼の挨拶を述べて、総統府をあとにし、そのまま日本大使館へ向かった。

九月の台北はまだまだ暑かったが、胸の内は、吉報を期待するわくわくとした気持ちで膨らみ、私はむしろ、すがすがしささえ感じていた。この話をすぐ宇山大使に報告した。大使館から東京の自民党本部にも電話をかけて、椎名副総裁秘書の岩瀬繁氏に張群資政との話の内容を伝えた。

特使受け入れへ

翌十三日午前、外交部からの連絡により、宇山大使は沈昌煥《ちんしょうかん》外交部長を訪ね、日本からの特使を受け入れる旨の通告を受けた。同時に中華民国政府は日本に対する声明を伝達した。外交部スポークスマンによるとその内容は次のとおりである。

一、中華民国政府は、国際間の慣例を尊重し、日本政府の申し入れに同意を決定した。沈外交部長は、本日十一時三十分、宇山日本大使を呼び、この決定を伝えた。

一、この会見で沈部長は大使に対して、いわゆる日中国交正常化を目指す日本の動きは背信行為であり、日本と中華民国の間に存在する関係と両国民の友情を損うものであることを再び指摘した。

一、沈部長はまた宇山大使に対し、中華民国政府が日本の対中共接近の動きに対して、何度も強く反対の態度を明らかにし、かつ実際に強い抗議を日本政府に申し入れてきた事実を明らかにした。さらに沈部長は、いかなる状況の下でも、中華民国政府が、その確固たる立場を変更することのないことを明らかにした。

少なくとも、私が前日、宇山大使に張群資政との話の内容を報告した時点では、大使も特使受け入れ受諾の気配すら感じていなかったはずである。なにしろ張群資政ご自身がまだ受け入れを決心しているようには思えなかった。

当然、中華民国政府内では特使の受け入れの是非をめぐって、かなり議論検討がなされていたに違いない。それにしても、張群資政の判断、さらには蔣経國院長の決裁なくしては外交部だけで結論が出せるはずはない。そうだとすれば、私が張群資政に日本青年としての気持ちを訴え、陳情をしたこととの因果関係がまったくないとは思えない。昨日の今日のことである。あまりにもタイミングがよすぎる。あらためて張群資政との会談内容を一つひとつ、じっくりと思い起こしてみた。張群氏の言葉にも表情にも、どれ一つとして気になるようなところはない。その時私が得た感触は、結果において期待どおり的中したのであった。

もちろん、中華民国要路と縁のある日本人たちが将来の両国関係を心配して、さまざまな形で接触を重ね、働きかけをしてきた努力の成果によるものであるとは思う。しかし、あの時期に一政党職員、いわば、一民間人である私が、外務大臣から大役を要請され、台北において青年救国団の宋時選執行長や張群資政に懇願をした。そのことなども、私なりに特使受け入れという目的達成の一助になりえたものと自負している。当時三十二歳の若輩であった私は、大きな充実感を味わった思いであった。

将来、どんなことがあっても両国の青年交流は続けなければならない。少し気負い過ぎかもしれないが、私は張群資政に大きな借りができてしまったような気がしてならなかった。

なぜ特使受け入れが決まったのか

このように、あの時自分が体験し、感じた範囲の出来事を書き記したわけである。しかし、今になって当時のことを書き物に残すとなるとどうしても、張群資政に会わせてもらいたいという私の希望が、宋時選氏からその先どういう経路で、しかもなぜあのような短時間のうちに実現することになったのか、この謎の部分を解明しないままでは、不十分であろうと思うようになった。

一九九六年一月末に訪台し、張群資政との会談に同席した柯振華氏に時間を割いてもらい、当時のことを尋ねてみた。

柯振華氏は、あの時外交部のアジア太平洋司の日本担当のスタッフであり、張群資政の秘書でもあったのだから、最もそのあたりの事情を詳しく知っている人物ではないかと思えたからである。柯氏は、その後亜東関係協会の副代表を務め、退官後は復興航空運輸という台湾の航空会社の顧問をしておられた。

柯振華氏の話によれば、張群資政は、日本が大好きであったし、日本人の来訪には、いつも喜んで応対をしていたのであるが、田中政権が誕生し、日に日に日中国交の問題が具体的に取り沙汰《ざた》されるようになってからは、意識して日本人には会っていなかったそうである。

とりわけ私が訪問した頃は、最も対日関係に神経を使っていた時期であった。したがって、よほどのことでない限り、それまで一面識もなかった私に会うはずのない状況であったことは間違いない。

それなのに九月十二日、突然のように張群資政が日本の一青年に会うことになった。張群資政に仕えていた柯振華氏にも実はなぜだったのか、その理由はわからなかったというのである。「よほどのこと」とは、何であったのだろうか。

私は、柯氏にあの時東京をたつ前に麻布の中華民国大使館（現在は中華人民共和国大使館が使用している所）に訪華の目的を伝えたこと、また台北に着いてすぐ、中国青年反共救国団の宋時選執行長に張群資政への面会の件をお願いしたことを話した。

そこで、柯振華氏は、一つの推理を述べてくれた。

一九七二年九月には、政治の実権は蔣経國行政院長が掌握していた。しかし日本関係のこととなると張群資政が最も事情を知悉《ちしつ》していることから、蔣院長も張群資政の考え方を重く視ていたことは間違いない。また逆に張群資政にしても、いかに対日問題とはいっても、蔣院長を蔑《ないがし》ろにして、独断で物事を推し進めるということはするはずがない。そんな両者の関係であった。

宋時選氏は、蔣経國院長の身内である。したがって私からの陳情の件は、真っ先に蔣院長に伝えられて、指示を仰いだものと思われる。

その結果、蔣院長は外交部や行政院の事務方を通すことなく、直接、張群資政に話をしたのではないだろうか。おそらく余人を介さずにトップ同士による政治的判断の結果だと考えられる。

もし話が外交部にまわったとするならば、外交部では容易に判断できなかったはずであるし、張群資政にしても、外交部からの話だからといって、私に会うことはなかったであろう。

柯振華氏の推論を聞いていて、なるほどそう考えるのが自然であり、無理がないようだと思えた。

だが、これとても、あくまで憶測の話である。

すでに蔣経國、張群の両氏は、天上の人となってしまい、当時の事情を伺える由もない。

どうせこの謎の部分についてここまで触れるのであるならば、もう一人の謎解きの鍵を握っている宋時選氏にもぜひ会って、いろいろあの時のことを尋ねてみないことには、と考えた。

一九九六年の春節（旧正月）を十日後にした、年末の慌しい二月八日に台北へと飛び立った。

旧暦で正月を祝う中国人社会では、この年は二月十九日が元旦に当たる。新年を迎えるための赤地に金色をあしらった、きらびやかな飾りつけが、普段とは違う台北の街をつくり出していた。

また三月二十三日に実施される総統・副総統と国民大会代表の選挙用看板や幟《のぼり》が街中に氾濫《はんらん》しており、さらに賑やかさを加えていた。盆と正月が一緒にやってくるといった感じである。

この日の午後三時半に、宋時選氏と会うことになっていた。

宋時選氏は、当時中国国民党中央常務委員であり、党が経営する事業の一つである中国廣播公司という放送局の董事長、すなわち社長を務めていた。私は、放送局に宋氏を訪ねた。互いに数年ぶりの再会を喜び合ったあと、例の不明の部分について尋ねてみた。

自分は、すでに七十五歳になり、記憶が大分衰えてしまったと託《かこ》ちながらも、宋氏は二十四年前の出来事をしきりに想い起こそうと努めて下さった。

当時は、自分でやれることは、いちいち行政院長であったボス（蔣経國氏）に相談することなく処理をしていたという。したがってその件についても自分が直接、張群資政に電話をして依頼をしたはずであるという。具体的なことは、もうはっきりとは憶えていないということであった。

それから八年後の二〇〇四年、訪台時に蔣経國氏の後、救国団の主任を務め、教育部長（文部大臣）、行政院長を歴任した李煥氏から会食に招かれた。李煥氏は蔣経國氏の政治面での片腕といわれた人物である。

席上、私が張群資政にお会いした時のいきさつが話題になった。李煥氏は、東京の大使館か

李煥元行政院長と(2004年)

ら連絡を受け、蔣院長に報告、蔣院長から張群資政に申し入れをして面談が実現したのだと話してくれた。

なるほど蔣経國氏の側近である李煥氏、宋時選氏が、おのおの尽力して下さった結果であることが理解できた。

今にして張群資政が、私に対し温かく接してくれた理由をうかがい知ることができた気がした。

一九七二年九月の台北での話に戻そう。少し本筋からはずれるが、椎名特使の訪台がようやく実現することになり、ひとまず大きな山を越した。ホッとしているところに大使館の武藤武《むとうたけし》参事官から相談が持ちかけられた。実は、一週間ほど前から日本の右翼が台北に来ており、大使館に毎日押しかけては、中国問題に対する日本政府の態度は許せないと、威圧的な抗議を続けているという。そのため館員は恐怖感を抱いている。また椎名特使の訪台の際には、彼らが体を張って、特使が台北市内に入ることを妨害すると脅かしている。事故が起こってからでは取り返しがつかないので、私に事前に彼らと接触をはかって、無謀な行動を取らないように話をつけてもらいたいということであった。

日本の右翼グループの台湾での示威行動については、台湾の新聞にもしばしば取り上げられていたようだが、私が見た新聞には、日本人の中にも、日本政府の外交のやり方に批判をし、反対している人が大勢いると書かれていた。さらに台北の市中を羽織袴《はかま》といういでたちで「椎名特使訪華阻止」の幟《のぼり》をかかげて行進している写真が掲載されていた。

大日本皇政会の総裁なる人物と会うことになった。一対一の面談という約束で、場所は救国団の一室に決まった。出向くと、そう年配とは思えなかったが、総裁を名のる人物は長いあご髭をたくわえた、いかにも右翼の活動家という風貌《ふうぼう》の持ち主であった。先方は椎名特使の秘書に会うということで、台湾の新聞社やテレビ局をたくさん動員して来ていた。このような問題で日本人同士が話し合いをするところを取材されるのはあまり好ましいものではないと判断した私は、押し問答した揚げ句、写真の頭どりだけに応じ、マスコミ陣には引き取ってもらった。

自己紹介のあと、私は日華両国の青年交流にたずさわってきたこと、今回、単身で訪台してきた目的、将来の両国の展望などについて述べた。

さらに中華民国との断交を懸念し、両国の友好関係を損なうことを心配している心情は、私とて同じである旨を伝えた。さらに外国まで来て日本人同士がトラブルを起こすことは避けるべきではないか、と主張した。相手も私の意見に同意をし、彼が率いる一行は翌日帰国することを約束してくれて、私も安堵《あんど》の胸をなでおろした。裏話として、こんな一幕もあった。

椎名特使一行、官製デモが吹き荒れる台北へ

椎名特使一行は、九月十七日午後、台北へ入ることになった。ミッションは、自民党所属の衆参両院の国会議員を含む二十数名からなる大デリゲーションである。この日は、朝から特使の訪台に反対する市民たちが松山空港に押しかけていた。私が特使一行を迎える準備のため空港へ行った昼頃には、空港ビル前の広場は手に手にプラカードを持った大群衆で埋め尽くされ、その界隈《かいわい》は異様な雰囲気に包まれていた。

当時の台湾は戒厳令下にあって、集会やデモは本来認められていなかったはずである。しかし、この時ばかりは台湾有史以来初の、政府が承知のうえで実行された、いわゆる官製デモであるといわれた。これは一つ間違えると、大変な事態を生じかねない。群衆心理はちょっとしたきっかけで冷静さを欠き、思いもよらない暴発を招く危険性を持っている。この何千人もの人垣をどうやって突破するのだろうか。当然警察が方法を考えていることであろうが、と心配しながら私は空港内に入った。そこで大使館の担当者、外交部、警察の責任者と打ち合わせを行った。

台北空港

72.9.18

A

椎名特使の車に乱暴

学生千人、デモの出迎え

蒋経国首相とあす会見か

椎名特使

「椎名特使の車に乱暴」の(「朝日新聞」1972年9月18日付)記事

飛行機の停止する位置、一行を乗せる自動車の配列と乗る議員の割り振り、空港から外に出る際のコース等の確認も念入りに行った。とくに外への出口は、通常の通関出口ではなく、普通は開けない軍用の出口を使用することになっている。

この種のミッションは、どこの国の場合でも、通常飛行機から降りると、すぐ待機している車に乗り込み、イミグレーションを通らず、通関もせずにそのまま外に出てしまうのである。大使館員や出迎えの外務省スタッフが荷物を代理通関させ、あとから宿舎へ届けるという仕組みである。もちろんこの時も同様である。

特使車には宇山大使が陪席し、前後を警備の車が挟み、両側にはサイドカーがガードする形をとった。

いよいよ特使一行を乗せた日航機が二時三十分に到着した。機体が所定の位置に停止すると、出迎えの車を機側に移動し、特使そして順次、随員の乗車を促した。私は浜田幸一《はまだこういち》（一九二八～二〇一二）、中村弘海《なかむらこうかい》（一九二五～二〇〇八）両代議士の車の助手席に乗り込んだ。

軍用ゲートを開け、警備車がサイレンを鳴らしながら、特使車を先頭に車列が外へ出ようとした。その途端、特使一行が空港ビルの通用出口から出てくると思って、そこで待機していた群衆が、虚を突かれ、あわてて雪崩《なだれ》を打つようにして突進してきた。あっという間に車列は、群衆に取り囲まれてしまった。警察は、けたたましくサイレンを鳴らし、群衆を排除しようとするが、なかなか簡単にはいかない。そのうち、興奮した群衆は手にしていたプラカードで、車の屋根やボディを叩いたり、生卵や饅頭《まんじゅう》を投げつけたりで、その一帯は大騒動になってしまった。

私の乗った車は、フロントガラスに貼ってある日の丸のステッカーを目掛けて襲ってきた鉄《てっ》拳《けん》で叩かれ、助手席に座っていた私は、粉々のガラスの破片を頭からかぶってしまった。浜田代議士が「我慢しよう」とひとこと言った。

中華民国にすれば国家の命運がかかった重大な時である。このくらいのことは、どうということはない。かなり時間がかかったが少しずつ前進をして、なんとか空港の構内をくり抜け、そのあとは民権東路、中山北路をひた走りに一行の宿舎である円山大飯店（グランドホテル）へと向かった。道路には三メートルおきくらいに警察官が立って警備にあたっていた。その後ろには、めったに見ることのできない鳴物入りの光景を見ようと、大勢の市民たちが詰めかけて、厚い人垣をつくり、歩道を埋めつくしていた。

円山大飯店は、台北の街の北側を流れる基隆河を渡った小高い丘の上に建っている。宋美齢《そうびれい》（一八九八～二〇〇三）蔣介石夫人が、金に糸目をつけずに建てたと言われる純中国式の宮廷を思わせる豪華なホテルである。今日、台湾を旅行する人たちが飛行機で台北に近づくと、まず眼下に飛び込んでくるあの偉容を誇る高層の円山大飯店は、実は新館であって、一九七二年当時はまだ建てられてはいなかった。旧館も観光客が訪れる台北の名所ではあったが、特使一行が泊まる三日間は、一般の人の見物は断わっていたはずである。道路だけでなく、ホテルを囲む木立の中にも、植木職人などに変装したり、いろいろな服装をした警官が配備されていて、厳戒体制を敷いていていることがよくわかった。

ホテルへ到着すると、大使館が借り上げた十四台の車のうちの半分が、デコボコに車体を傷つけられていた。

部屋割を終え、一行が各自の部屋でひと汗流し終えた頃、大使館側から日程説明があるというので、一同、会議室に集合した。それが終わって、雑談をしている時、浜田代議士が、「明日からの公式行事に、自分たちがどのような考えで臨んだらよいのか」と疑問を呈した。

東京を出発する前に、そのへんの意思統一はすでに図られているものと思っていた私は、驚いてしまった。浜田代議士は私に、席をはずしている椎名特使を探してくるようにと指示をした。

浜田代議士は、「明日の日程の中に中華民国の各界代表と意見交換をする会合がありますが、発言をするにも、まずは特使がどんなお考えを持って台湾に来たのか、われわれがそれを知らないことには話になりません。そのへんのことを教えてもらいたいと思います」と発言した。一段高い席に座った椎名特使は、「それは君、それぞれが思っていることを話したらいいんだよ」と答え、一同啞然《あぜん》としてしまった。誰かが、さらに質問をした。「特使は、総理の親書を預かってきているのでしょう。親書にはどんな内容が書かれているのですか」。それに対し特使は「親書というものは、その中身について公表できるはずがないではないか。いずれにしても大変高邁《こうまい》なことが書いてあるはずだよ」と答え、内容には触れなかった。

こんなやりとりがあって、結論としては、特使も公式会合で自分自身の考えを述べるし、議員もおのおの自由に持論を話せばよいということになった。

のちに私は、田中総理から蔣介石総統宛の親書には、蔣介石総統の敗戦以来の日本に対する深い理解と配慮に対する感謝の意を表し、国民政府も北京政府も共に中国は一つであるとの考えを堅持している以上、日中国交が正常化されれば、遺憾ながら日華の外交関係は維持できなくなることを了解されたい旨、また日本国政府としては国民政府において格別の異議がない限り、民間レベルによる貿易経済等の実務関係については、可能な限りこれを維持していきたい、と書かれていたことを知った。

椎名特使はその時点で当然内容を知っておられたはずであったが、こうした発言をされたということは、得意の椎名流おとぼけであったとしか思えない。もし、「実は」とその場で内容を発表でもしようものなら収拾のつかない事態となったはずである。

日曜日のこの日は、とくに公式の日程はなく、ただ大使公邸で在留邦人代表から現地でのいろいろな話を聞かせてもらうことと、大使主催の夕食会が予定されているだけであった。

夜の大使公邸での会合では、在留邦人の代表から、最近の日本政府の動向によって、邦人が台湾で仕事をしているうえで周囲から冷たい厳しい目で見られている感じがして、何か落ち着かない日々を過ごしているというような近況説明があった。さらに、もし断交にでもなれば、邦人を取り巻く事態は、きわめて深刻になるとの憂慮が述べられた。それに対し議員団側からは、あなた方は商売をしに来ているのに日本政府への不満めいた話や、あまり自分たちの立場のことばかりを主張すべきではない、とやり返す一幕もあった。

右翼の乱入で騒然としたロビー

一行が台北での一夜が明けた九月十八日、この日は朝から公式スケジュールが予定されていた。

私にとっては、十日に台北に来て以来、すでに一週間以上が経っていた。ようやく本番を迎えたわけである。八時三十分に一行は、ホテルを出発することになっている。私は六時頃には目を覚ましていた。七時過ぎに部屋の電話が鳴るので受話器を取ると、一階ロビーわきに一行の警備のために用意されていた台湾警察控室からであった。私を訪ねて、ロビーに客が来ているという。心当たりはないが身支度を整えて行ってみることにした。ロビーにまっすぐ降りていく吹き抜けの二階の階段の上に立った時、眼下の異様な光景が目に飛び込んできた。羽織袴姿に日の丸のはちまき、そして「弔う椎名特使」と、墨で書かれた幟をたずさえた、一見して右翼とわかる三人。そして彼らを取り巻くように、カメラやテレビカメラをかまえた大勢の取材陣がたむろしている。

いったい、これはどうなっているのか。関係者以外は誰一人としてホテル内には入れないはずの警備体制なのにと思いながら、階段を降りていくと台湾の警察が私に寄って来て、「彼らが面会に来た人たちだ」と知らせた。また、やっかいなことになったと思いながら、彼らに近づいた。幸い出発までには若干時間があるため、ロビーにはまだ誰もいなかったが、少し経てば議員たちが集まってくる。早く事態を収拾しなければ、大混乱を生じることになりかねない。三人に対峙《たいじ》するように前に進み、私が特使秘書の松本であるとまず自己紹介をして、相手の身分を質した。自分たちは、大日本皇政会の者だと名乗り、「椎名に会わせろ」と声を荒らげて怒鳴った。特使にはもちろんお会いいただくわけにはいかないし、あなた方の総裁とはこのようなことのないように、先日約束したはずだ、と応酬した。私もどんなことがあっても、ここは引くわけにはいかないと覚悟を決め、強気に出た。その間、写真のフラッシュはあちらこちらで光るし、テレビカメラは回っている。出発時間も次第に迫ってくる。出発の支度をした議員が一人二人とロビーに集まってきて、人垣が次第に脹《ふく》らんできた。

そのうち、元気のいい浜田幸一代議士と山村新治郎《やまむらしんじろう》（一九三三〜一九九二）代議士が、「松ちゃん、どうしたんだ」と声を掛けてきたが、「私が話をつけますから」と、ここは控えてもらった。

私の強硬な態度にこれ以上、要求しても無理だと思ったのか、彼らの一人が懐をまさぐった。一瞬、ピストルか短刀を取り出すのではないかと内心ドキッとしたが、実はそれは巻物であった。

「国賊椎名悦三郎は……」と大声で読み上げたあと、それを私に手渡して引き上げて行った。ヤレヤレであった。

椎名発言の波紋

椎名特使は予定どおり八時三十分に宿舎を立って、まずは沈昌煥外交部長に会うために外交部へ向かった。特使は、十八、十九日の二日間、外交部長の他、厳家淦副総統、蔣経國行政院長、何応欽日華文化経済協会会長、張群総統府資政とおのおの会談を行い、さらに「中華民国意代表・日本国会議員座談会」に出席をするというスケジュールであった。私は特使と中華民国要人との会談の場には居合わせてはいなかったので、どのような雰囲気でいかなる話し合いが行われたのかは、直接は知らない。しかし各会談での発言要旨が、同席した宇山大使から大平外務大臣にあてられた公電の内容として『記録、椎名悦三郎』に記述されている。次のとおりである。

外務大臣殿、発宇山大使
椎名特使の応答振り
第四五五号　極秘・大至急
十八日に行われた各会談における、椎名特派大使の応答ぶりは概ね次の如く要約される。今夜、当地からの報道その他で、あるいは事実を曲げて国府側に都合のよい面だけが強調されることもあり得べきにつき、念のために電報する。
(一) 自民党総裁選挙を機会に、自民党の外交政策につき、とくに日中問題が陰に陽に微妙な渦巻きを起こし、一時混乱した。
(二) そこへ中共が出てきて、対ソ考慮もあり、日本も利用したい意図が動いた。そこでマスコミのクセである反政府的傾向に加えて、経済界も浮足立って「一犬虚に吠えて万犬これに和す」という様相を呈した。
(三) これはともかくとしても、経済大国とまでいわれる日本が、隣国とロクなあいさつも出来ない現状はこれ以上続けられず、いや応なしに処理を迫られ、いそがしい途を歩きはじめた。

（四）大平外相の発言は、日中正常化のあかつきに、分裂国家たる中華民国と日本との間の日華平和条約が、何ら影響を受けずに、存続するわけはないという論理的なことを云ったまでで、田中総理の口からはまだ「日中国交正常化のあかつきには、日華国交は消滅」、という発言はない。いまだ、そういうハラが決っていないものと思う。

従って大平発言は、いまだ国策としてきまったものでも、また自信あってのものでもないと思う。だから、あまりこれを責め立てない方がよい。

実際の国民の感じ方は、マジョリティは「日中正常化は大事だから、ぜひやってほしい。しかし、台湾との断絶は不賛成」というものである。

（五）この国民の考え方をハッキリしたものが、自民党日中国交正常化協議会の結論として出ている。非常な激論のあげく「従来の関係」という含蓄のある言葉には、（中華民国との）外交関係を含むという前提で（北京政府とは）交渉すべし、と決定した。

（「交渉されたい」を「交渉すべきである」と強めている）この決定は無視できず、私どももこの線にそってゆくべきものだと思う。

（六）何れにせよ、現地での腹蔵なき意見をうけたまわって、これを田中総理に復命し、これを訪中時の資料として右の点（五のこと）を達してほしいという希望である。

外務大臣殿、発宇山大使

蔣行政院長との会談

第四五七号　極秘・大至急

椎名特派大使より

本十九日午前九時十五分から約二時間、蔣経國行政院長と会談したところ、その要旨概ね次の通り。（同席者は当方は村上、秋田両議員、宇山大使、中江参事官、先方は沈外交部長、アジア太平洋司副司長）

一、冒頭、当方から国内事情を説明し、とくに大平発言については「日中正常化のあかつきは日華平和条約はかげのうすいものになる、という気持ちで、論理的にはそうならざるを得ないのではないか、ということを従来の頭で、口の先に出してしまったのが真相のようだが、田中総理の方は、この点は未だノーコメントのままだ」と説明し、また日中国交正常化協識会の決定については「この中にある従来の関係という非常に含蓄のある表現の中には外交関係も含めたいろんな問題が入ることは議事録にも明らかで、田中総理、大平外相は他日北京での折衝において、これに準拠するのであって、若し不調に終われば妥協せずに一度帰国して、再び協議会の承諾を得た新しい案で出かけることもあり得る」と補足し、「この協議会の結論を錦の御旗として　訪中する総理を鞭撻《べんたつ》し、この線でやってもらうことを決意してやってきたのが顧問議員団である」とのべた。

二、右の説明を注意深く聴取した蔣経國行政院長は、真剣なおももちで二、三質問するところがあった。その問答の大要次の通り。

（問）田中総理は必ず協議会の結論に準拠するか。

（答）協議会結成当初の総会に総理、外相とも出席し、その席上、必ず協議会の意見に従ってやるとあいさつした。

（問）大平外相が駐日大使に対し、日中正常化のあかつきには日華平和条約はなくなってしまうと説明した点はどうか。

（答）大平外相の正確な言葉使いは聞いていないが、他の機会に「論理的に両立しない」と云ったということは記憶している。総理は何も云っていないことだし、協議会の決定を尊重し、これに従うと言明している。このことからみて、大平大臣は当時における一つの観測として述べたのではないかと思う。

（問）（沈外交部長から種々説明を聞いたのち）何しろ外務大臣と駐日大使という二人の責任者の間の会談だから、政府を代表する発言ととらざるを得ない。御帰国の上は、ぜひ記録をお調べいただいて、日本政府の真意が奈辺にあるか、はっきりさせてほしい。われわれは、これを「国交断絶の事前通告」ととっている。

（答）（宇山大使の助言に基づいて）当時の会談録があるらしいが、それによると「日中正常化の場合には日華条約はその機能を停止することになるのではないかと思う」というようなことらしい。

だから、公式に「そうならざるを得ないし、またそうするつもりだ。だから、それを本国に報告してほしい」という意味ではなかったし、またそういうことをいう場でもなく、親しい大使との間柄ゆえ、心配しながら感想を伝えたものと思う。何れにせよ、厳かに通告する、というような場合ではなかった。

三、この後、蔣行政院長が、「私の意見」なりとして述べた点次の通り。

（一）大原則は他日宇山大使一時帰国の際、本国政府へ転達方お願いしたところに変更はない。

（二）日中正常化は、当事者たる中華民国のみならず日本は勿論アジア、世界の均衡に変化をもたらす。

（三）日ソの場合と異なり、中共はアジアに位置し、それをうまく取り扱わぬとアジア全体の脅威となるばかりでなく、中共の勢力が台湾海峡、マラッカ海峡にも伸びてくると、日本の経済活動にも脅威となる。

（四）日華平和条約は、日本軍閥の失敗の後の日中友好の再出発点となったものであるが、今後ともこの基礎の上に友好関係を進めてゆきたい。

（五）日本はかつて支那大陸を侵略して、七億同胞を苦しめたが、いままた日中正常化すれば、これら同胞を将来長く苦難の状況に置くこととなり、彼等に対する二度目の大罪悪を犯すことになる。このようなことは到底看過することはできない。

（六）若し日中正常化すれば、それは日華条約に次ぐ二度目の降伏となるが、われわれは大陸を取り返すから、その時は日本にとって三度目の降伏となるであろう。
（七）万が一にも、日華条約の破棄というようなことになると、政府を代表して厳然と申し上げるが、それによって生じる一切の責任は日本が負うべきである。われわれとしては、如何なる困難があろうとも、アジアの平和のためにわが途を行くのみだ。この権利を守るために、一切の措置をとるであろう。
四、最後に、蔣行政院長は「後数日の間に歴史的大変化が起るかも知れない。区々たる小さい視野からでなく、日本の運命、アジアの人々の運命、さらに田中総理の政治的生命や歴史的地位に思いをはせている。引狼入室の結果は明らかで、日中正常化の結果は事実が証明するであろう。かつては鉄砲が支配した日本では、今やペンが政府を掌握している。その結果が鉄砲の支配よりさらに悪くならぬよう願う他ない」と結んだ。

特使が要人を回って会談をしている間、並行して中華民国国民意代表との座談会が、午後二時三十分から三軍軍官倶楽部を会場に開かれ、私は議員団についてそこに参加した。

中華民国側の出席者は、国民大会代表十名、立法院院長をはじめ委員十二名、監察院委員七名、台湾省議会議員三名、台北市議会正副議長二名、その他、傍聴人数十名である。座長を務める倪文亜《げいぶんあ》立法院院長が開会の挨拶を述べ、張り詰めた空気が漂う中、会議は始まった。

一足遅れて会場へ着いた特使を倪院長が紹介をして、早速特使挨拶となった。これがのちのち問題になった椎名発言である。ここに、その内容を記しておく。

（前略）すでにご承知のとおり、昨年、国際連合において中共の政府が、中国の代表として認められましたことはご案内のとおりであります。これらの情勢に基づきまして、この際、中共と国交を回復するためにいろいろな施策を練っているのでありますが、この問題は申すまでもなく裏を返せば、貴国との関係をどういうふうに処理するかというきわめて厳重なる問題に関連があります。この問題につきましては、すでに自由民主党内におきまして、数回にわたって論議をつくしたのでありますが、なかなかいかにすべきかという結論を見出すことができませんでした。長時間を費やし、つい一週間前に決議をみた次第であります。これによりまして、貴国、中華民国との従来の深い関係に鑑みまして、この際、貴国とのあらゆる方面の従来の関係というのを継続していくということに立脚して、国交正常化の話し合いを進めていくべきであるという決定をみたのであります。この従来の関係を維持するという言葉でございますが、これは、相当に含蓄のある文言でございまして、これにつきましても、とくに日中正常化協議会におきまして、相当に鋭い論議が交わされた結果、従来の関係とは外交関係も含めてその他のあらゆる関係を共に、従来のとおりにこれを維持していくという前提において両国の間の折衝を進めるべきである、こういう意味であるということが決定した次第であります。われわれ一行は貴国に参上いたしまして、これら与党の内部の論議を十分にご説明申し上げ、さらに、国内の一般情勢についてもどういう状況であるかということを説明申し上げて、そして、これらの点をご考慮に入れていただきまして、なおかつ、貴国側の官民の方々のご意見のあるところを腹蔵なく申し述べていただきまして、これを持ち帰って、そして後日、日本の田中内閣総理大臣あるいは大平外務大臣等が北京を訪問して、この問題を折衝する際における有力なる参考資料として十分にこれを活用してもらう。と、こういう意味において私どもの一行、手分けをして、そしてそれぞれ要路の方々をお訪ねして、ご意見を伺いつつあるような次第であります。

あまり多くの時間を費やすことができませんが、昨日以来、非常に各方面のご意見を拝聴いたしまして、新しく日本が当面していかにしてこれを切りひらいていくかということについてのきわめて重要なるご意見を伺ったと、私の方は非常に喜んでおる次第でありますす。そういう意味において、今日も一行の大部分が皆様にお目にかかって、そして忌憚《きたん》のない意見の交換をし、皆様の異存のあるところを十分に汲み取りたい。こういうことでこの席に臨んでいるのでございます。私は一行とともに皆様にお目にかかって、その状況をつぶさに拝見して、なお、私の所見も必要があれば申し述べる。こういうことを考えておりましたが、何せ、時間の余裕がございませんので手分けしておるような次第である。左様なわけで私の許された時間は、もはや余裕がございません。

同席して、じっと発言内容を聞いていた私は、とくに「従来の関係とは外交関係を含める」と、わざわざ注釈を加えるように明言した特使の表情をしっかりと見つめていた。

椎名特使は、特別力を入れるわけでもなく表情も変えずに坦々と話を続けた。いわゆる、椎名流の演説である。昨夕、それぞれの考えに従って自由に発言するがよい、と述べられた意味が理解できた。特使がどのような考えで、どのような発言をするのか事前には知らされていなかった日本側の出席者もおもわず互いに顔を見合わせてうなずいた。

特使団一行は、もともと中華民国を支持しようという立場の議員ばかりである。みんなの顔に明らかに安堵の表情がうかがえた。通訳を介し、一呼吸遅れて内容を知った中華民国側から、歓声と拍手が起こった。挨拶を終えると特使は、また要人との会談の予定があるからと断って退席をした。特使を拍手で送り出した会場には和んだ空気が満ちあふれた。

特使の挨拶のあとは、式次第に従って、予定されたとおり、まずは中華民国側の発言が続けられた。彼らにとっては、特使の発言は、むしろ意外であったはずであるが、それにしても今さらあらかじめ考えていた発言内容を変えるわけにもいかず、座談会での発言というよりは、準備していた日本政府への糾弾演説を次々に繰り返した。しかし、正直言って、いずれも拍子抜けした迫力のない調子に変わっていた。

途中で二十分ほどのティーブレイクに入った。両国の出席者たちは互いに歩み寄り、あちこちで握手をしたり抱き合ったりして喜び合う和やかな光景がみられた。私も特使のあの一言で、すべての問題は解決したものと安心をした。長い間、日華関係はどうなることかと心配をし、断交のケースまで想定して、先々のことまで憂えていたのだが、それらが単なる取り越し苦労に終わったことが本当に嬉《うれ》しく思えてならなかった。このことだけで、椎名ミッションの目的は達せられたのだ。

中華民国側の発言がすべて終了したあと、日本側に二十分ほどの時間が与えられ、数名の代議士が演説を行った。

誰しもが、この日これまで胸に重苦しくつまっていたものが取り除かれたような嬉しい気分になった。夕食が終わると、この夜は、誘い合わせて旧城内の、東京でいえば浅草のような繁華街である西門町《せいもんちょう》に繰りだした。

九月十九日、椎名特使一行は、台北へ到着した時の深刻な表情とは打って変わって、重要な責任を果たし終えた晴ればれとした明るい気分で、東京へ向け午後二時頃台北を飛び立った。帰路は、私も特使に随行した。

一行を乗せた日航機が夕刻羽田に到着すると、まず、外務省・吉田健三《よしだけんぞう》アジア局長が機内に入って来て、特使に労をねぎらう挨拶をした。そして、こう話をした。

「特使の昨日の台北でのご発言が、北京で問題になっています。実は小坂善太郎先生（自民党日中正常化協議会会長）が現在、北京を訪問中ですが、昨日、夜中に周恩来首相から呼び出されて、椎名特使の台北での発言は、日本政府は二つの中国を認めるということを意味するのではないのか、と詰問されたのです。小坂先生は台北での事情をまったくご存じないので、それ以上の話にはならなかったのですが、今後、いろいろ問題になってくると思います」

これを聞いて椎名特使は、「君に、そんなことを言われる必要はない」と、珍しく怒りの感情をあらわにした。

椎名氏自身が、田中総理から特使の要請を受けて以来、中華民国に対して、どう説明したらよいのであろうかといろいろ考えに考えたうえ、結局、与党の副総裁であるという立場から、党議で決定を見た結論に従って話をしたことである。

とくにいちばんの問題点となる「従来の関係」についても自民党として、「政府はとくに中華民国との深い関係に鑑み、従来の関係が継続されるよう十分配慮のうえ、日中正常化交渉にあたるべきである」と明確に決めている。従来の関係には、外交関係を除くとはどこにも書かれていない。自分はその線に沿って話をすればよいのであって、それが自分自身の考えとも合致していると椎名特使は考えたはずである。

それであっても中国は一つ。こちらが、中国を代表する正統政府、と主張して譲らない二つの政府が、現存していることを考えれば、二つの政府と外交関係を持つという考えは、相手方、それぞれの立場からすれば到底受け入れられることではないであろう。

日本政府が中華民国と従前どおり外交関係を継続するとすれば、北京からは、当然、それは容認できないというクレームがつくことは予想できる。したがって、椎名特使にしてみれば、遅かれ早かれ、こういう問題が生じるであろうことは折り込みずみであったろう。

それにしても周恩来総理のリアクションのあまりの早さには驚いた。椎名特使としては「早速きたか」と、驚いたに違いない。最も気になっていたことが、東京に帰ってくるやいなや現実の問題となった。それを吉田局長から伝えられたものだから、思わず感情的になってしまったのではないかと思われる。

その後、椎名特使と総理、外務大臣がどのような話し合いを行ったのかは、知るよしもない。

「日中国交正常化」が実現

椎名特使一行が帰国して一週間も経たない九月二十五日、田中総理、大平外務大臣、二階堂《にかいどう》（一九〇九〜二〇〇〇）官房長官一行が北京を訪問した。その日のうちに、田中・周恩来首脳会議、大平・姫鵬飛《きほうひ》（一九一〇〜二〇〇〇）外相会談がもたれた。二十七日には田中総理と毛沢東主席の会談も行われた。これら一連の会談を踏まえ、二十九日には人民大会堂において、日中正常化に関する共同声明が調印された。この後、大平外務大臣が記者会見に臨み、「日中共同声明の調印により日華平和条約は存続の意義を失い、終了したものと認められる」という日本政府の見解を発表したのである。

中華人民共和国（以下、中国という）側は、台湾は中華人民共和国の一部であり、日華平和条約の締結はそもそも無効であって、日中の戦争状態は日中共同声明の発表を待って終結するものという考えを主張した。だが日本は、これまでは中華民国政府が中国を代表するものとし、日華平和条約は国際法上有効な条約であるとの立場を明らかにした。

しかし、日中共同声明の調印は瞬《また》く間に行われた。

椎名特使が台北を訪問し、日本と中華民国との関係は外交関係を含めて維持継続すると発言してから、たった十一日後のことである。中華民国の憤慨ぶりは想像に難くない。私は、椎名特使の台北での発言をもう一度思い起こしてみた。「従来の関係とは外交関係を含めてこれを維持していく」と明言したことは事実である。特使と総理の関係とは、いったいどんなことになっているのだろうか。私は田中内閣誕生により、日中国交正常化は時間の問題であろうとは思っていた。しかし、田中総理の意を受けたはずの特使が、台北であのように明確な発言をした。その場に居合わせてその発言を聞いた私は、ひょっとしたら、日本政府は、「一つの中国一つの政府」を主張する相手側の立場に捉われるのではなく、現存する二つの政府と外交関係を持つという、日本独自の考え方を貫くつもりに違いない、と信じたくらいだった。

中華民国側にしてみれば、日本政府を代表する特使が、公式の場で発言したことを信じるのは当然のことである。あの座談会での台湾側の発言は、どれも日本政府が「日中正常化」を実現し、同時に中華民国との外交関係を絶つことを想定しての、日本政府に対する糾弾内容であった。しかし、特使は意外にも、断交はしない、外交関係は従前どおり継続すると断言した。

実際は期待していなかった、この思いがけない特使の発言によってもたらされた喜びは、法外に大きなものであったはずである。だが、半月も経たないうちにその喜びは、完膚なきまでに打ち砕かれてしまったのであった。喜びが大きかっただけに落胆はさらに大きく、当然のごとくその感情は激しい怒りへと発展していくことになった。

ついに無念の日華断交

中華民国外交部は二十九日、即座に次のような対日断交宣言を発表し、両国は国交を断絶することとなった。

〈中華民国対日断交宣言〉

日本総理大臣田中角栄と中共偽政権頭目周恩来は、共同声明を発表し、双方は本年九月二十九日から外交関係を樹立したと表明し、同時に日本外務大臣大平正芳は、中日平和条約および駐日外交関係はこれによりすでに終了した旨言明した。中華民国政府は、日本政府のこれら条約義務を無視した背信行為に鑑み、ここに日本政府との外交関係の断絶を宣布するとともに、この事態に対しては日本政府が完全に責任を負うべきであることを指摘する。蔣総統の指導する中華民国政府は、日本敗戦後における降伏を受理した政府であるとともに、一九五二年サンフランシスコ条約に基づき、日本と平和条約を締結し戦争状態を終結させ、両国外交関係を回復している。かつ中華民国政府は一貫して本国領土で、憲法に基づき主権を行使しており、中日平和条約締結の時から現在まで、両国間の情勢はなんらの変化も発生していない。よって田中政府が一方的に中日平和条約を破棄し、中共偽政権と結託したことによって引き起こされるあらゆる行為で、中華民国の合法地位、領土主権およびすべての合法権益に損害を及ぼすものは、すべて重大な結果もまた、いずれも当然日本政府が完全にその責任を負うべきものである。

日本軍閥は中国征服の野心を遂行するため、数度にわたって中国で事変を製造し、ついに一九三七年に全面的な中国侵略の戦争を発動し、さらに、これを第二次大戦にまで拡大して、中華民国およびアジア太平洋地区を空前の災禍の中に追い込んだ。中共匪賊《ひぞく》はわが政府が軍民を動員し、全力を挙げて対日抗戦に当たっている隙《すき》に乗じ、戦力を拡充し、反乱を拡大し、ついに大陸を不法占拠して中国大陸の七億人民を水火塗炭の中に置き、現在に至ったのである。これは実に日本軍閥の侵華罪行の造成した重大な歴史的錯誤であり、日本の絶対に回避できない責任である。

蔣総統は中日協力と全アジアの安全平和の大計に立脚し、カイロ会談で極力日本の天皇制の保持を主張するとともに、日本の降伏を受理したあとは、徳を以て怨に報いる政策を採り、日本捕虜二百余万人を安全に送還した。

わが政府は、さらに戦争損害賠償の要求および軍隊派遣による日本占領の権利まで放棄し、日本をして領土分割から免れさせるとともに、迅速な国家再建の機会を与えているのである。現在田中政府が事もあろうに一方的に中日平和条約を破棄し、中共偽政権を承認して中華民国政府と断交したことは、単にその忘恩背義行為が日本民族の絶対多数国民の願望に違反しているだけでなく、さらには中日両国と全アジアの遠大な利益を侵害するものなのである。

中共匪団の日本赤化とアジアの赤化、ないし世界赤化の目標は、従来からなんら変更されておらず、現在まさにアジア太平洋地区で積極的に浸透転覆を進め、いろいろな戦乱を製造している。この時に当たって田中角栄がついに狼を部屋に引き入れ、敵を友と認め、中共匪団の転覆活動を助長することになったのは、日本およびアジア太平洋地区に限りない禍患をもたらすことは必至であろう。

大陸を収復し、同胞を救済することは中華民国の基本政策であり、いかなる情勢下においても絶対に変更はありえない。中共偽政権はアジア禍乱の根源であり、この暴虐集団が転覆された後、日本およびアジアの安全自由と繁栄が初めて確実な保障を得られる。

中華民国政府は、田中政府の誤った政策がなんら日本国民の蔣総統への深厚な徳意に対する感謝と思慕に影響を与えるものでないことを信じて疑わない。

わが政府はすべての日本の反共民主の人士に対し、依然、引き続いて友誼《ゆうぎ》を保持する。

日華断交は、私にとっても大きな衝撃であった。

この夜は、飲めない酒を呷《あお》って寝床にもぐり込んだが、なかなか眠れなかった。張群資政に対し、両国の将来のために青年交流を続けていきたいと訴えたことが想い起こされた。

断交後、日華両国の関係が、どのように推移するのか想像もできなかったが、自分の言動には責任をもたなければならない。先々どんな障害が生じようとも、台湾との友好は図っていかなければならない。そう誓いをあらたにした。

一九七二年十月二十六日、日台双方の大使館は国旗掲揚を停止し、十一月二十八日に彭孟緝、宇山厚両大使はそれぞれ本国に帰任した。

断交後、日本側は台湾のさまざまな報復を懸念した。たとえば、在留邦人の安否の問題、台湾にある日本関係の財産の没収、台湾海峡を航行する日本船舶への砲撃などの諸問題である。しかし、蔣経國行政院長は、父君蔣介石総統に続いて、またしても日本そして日本人への報復を禁じ、『以徳報怨』を実践することになったのである。

この年三月に行政院で面談をし、何度も握手を交わした蔣院長の姿がいやおうなしに思い出された。そしてその心中を察すると私の胸も痛んだ。また、総統府において、柔和な面持ちで私に接して下さった張群資政は、いったいどんな思いでおられるのだろうか、と想像するといたたまれない気持ちになった。張群氏は青年時代、蔣介石氏とともに日本に留学をしたこともあって、大変な日本の理解者であっただけに、断交を誰よりも深く嘆き悲しんだに違いない。

第五章　断交余波

絶えることのない民間交流

張群資政は、日本の新巻鮭が大好物であるという話を聞いたことを思い出し、明けた一九七三年の正月に、台湾の近況も知りたいと思い、鮭をたずさえて訪台した。台北市士林にある張群邸を訪ねたが、あいにく張群資政は健康を害し、入院しておられるということで、会えずじまいに終わった。その折、台北で何人かの邦人にも会って、日常生活の様子などを聞いてみたが、特別変わったこともないということで、断交直後に懸念されたいくつかの心配事はいずれも杞憂《きゆう》であったことがわかった。

帰国の機中では石原裕次郎氏と一緒になった。彼は台北市内のメインストリートである中山北路の一角に『フジハナ』という喫茶店を経営していた。当然のことながら、断交後のことが気になって、店の様子などを見に来たのだという。しかし以前とまったく変わったこともなくて安心をした、と話をしてくれた。

断交をしたとはいえ、民間レベルの交流は現に継続しており、このことは、両国政府といえども支障をきたさないよう保障しなければならない課題である。また両国の関係も、いつまでもぎくしゃくした、不安定な状態にしておくわけにはいかない。

早速、経済、文化、人事の交流を円滑に図ることを目的とした交渉が進められ、断交後の十二月一日には、日本側に財団法人交流協会、翌二日には中華民国（台湾）側に亜東関係協会が実務機関として設立された。これらは、事実上、大使館に代わる機構であって、スタッフもほとんどが実務に関連する諸官庁から出向の形で派遣されて任務に就いた。ただし、表向きは民間の機関であるという建て前から、代表には双方とも民間人が就任することになり、交流協会会長には経団連副会長の堀越禎三《ほりこしていぞう》（一八九八〜一九八七）氏、亜東関係協会の理事長に台湾糖業公司（会社）の張研田《ちょうけんでん》氏が選任された。そして、両国民間の経済、貿易、技術、文化、その他、各種関係の円滑な発展を促進するため、これを支持する旨の声明を発表したのである。

実際のところ、私は財団法人交流協会という名称には長年にわたり奇異な感じを受けてきた。本来ならば、日華交流協会か日台交流協会とするべきところであろう。この命名も、おそらくいろいろ議論を重ねたうえのことではあったろうが妙であった。しかし、ついに二〇一七年一月に公益財団法人日本台湾交流協会と明示されることになった。

台湾は、一九九二年五月から台北駐日経済文化代表処という名称で東京港区の白金台に大使館に代わる機関を設けている。

終戦後、いくつかの難関に遭遇しながらも、日本と中華民国両国が着実に発展を遂げてきた陰には、そのたびごとに、なんとか円満な関係を維持していこうとする両国指導者や関係者の賢明な判断と努力の積み重ねがあった。とりわけ「断交」は、これまでにない大きな衝撃であった。しかし、その悲劇を乗り越えて、いっそう緊密な友好と交流の進展を望む両国国民の強い願望が、現実には今日断交前をはるかに上回る実績を築きあげてきたのである。とくに断交から現在に至るまでの両協会関係者の苦労は、尋常一様ではなかったであろう。

一方、一九七三年の一月と二月に、日中双方の大使館が相次いで東京と北京に開設され、三月には、初代の大使として陳楚《ちんそ》氏、小川平四郎《おがわへいしろう》（一九一六～一九九七）氏がそれぞれ着任した。

亜東青年協会の設立

断交に伴い、われわれの日華青年親善協会も与党自民党内に事務局をおいて、この名称のまま活動を続けることに難色を示す向きが出てきた。そのため、とりあえず一時活動を休止することとして、その代わりあらたに亜東青年協会を設立して、私が会長に就任することになった。その当時の仲間には、法務大臣秘書官を務め後に作新大学と杏林大学の教授となった豊島典雄《としまのりお》（一九四六～）氏、秋田魁新報社の社長を務めた小笠原直樹《おがさわらなおき》（一九五一～）氏、株式会社中国放送の役員を経て広島サンフレッチェの社長を務めている仙田信吾《せんだしんご》（一九五五～）氏がいる。

禁を破った公職者の訪台

断交の当然の結果として、日台間の公的な交流は閉ざされた。それから五年後の一九七七年、

石田博英労相秘書官時代（大臣室にて、1976年）

私は石田博英労働大臣の秘書官（政務担当）の任に就いていた。何月頃であったか失念したが、その時まだ大手町にあった労働省の秘書官室に一人の男性が私を訪ねてきた。その人は労働省から雇用促進事業団に出向し、断交前から台湾に出張していたという。

日本政府が台湾の三カ所に職業訓練施設をつくる協力を約束し、台南、台北にそれらを完成させた後、台中に中区職業訓練中心（センター）を建設しかかっている途中で断交となってしまったのだ、ということである。

彼は、そのまま帰国するわけにもいかず、公務員の身分を民間人に切り替えて、台湾に対し協力を続けてきたのだという。そのセンターが近々に完成し、開所式を予定している。

そこでぜひ、私に大臣の代理というような形で、式典に出席をしてもらいたいので台湾へ行ってもらえないだろうか、という話であった。彼は台湾で数年間過ごしているうちに、私の名前を知る機会があったのだそうだ。その後、労働省の大臣秘書官に同姓同名の人物がいることを知って、こんな珍しい名前の人物が他にいるはずがない、きっとあの松本に違いない、と思ったという。そうであるなら、台湾とは関わりが深い人物だからこの話には乗ってくれるのではなかろうかと考えて訪ねてきたのだと、理由を説明した。もちろん私の心は動いた。

中華民国と直接、間接、関係を持っていた政府機関は、断交を境にすべて従来の関係を絶ったはずである。にもかかわらず、形を変えて、その後も協力を続けていたというのが、何と他ならぬ、この労働省であったとは。実に不思議な縁であると思えた。

しかしながら、政務秘書官というのは、内閣総理大臣から任命されている特別公務員という身分であって、明らかに官の立場である。私としては、ぜひ、台湾に行って、労働省の特殊法人である雇用促進事業団が協力して完成させたという職業訓練センターを見てみたいものだと思った。しかし同時にそれは、とても許されることではなかろうとも考えた。

高まる感情を押さえ、行きたい気持ちは山々であるが現実は不可能であると思う、と返事をした。すると、彼は一枚の書状を封筒から取り出した。それは、なんとも手回しのよいことに張豊緒《ちょうほうちょ》内政部長（大臣）から私への招聘《しょうへい》状であった。外国の大臣からの直々の招請を無下にするわけにもいかないと思案した末に、石田大臣に相談をしてみた。

「君は台湾とは縁が切れないだろう。行ってきたらいいよ」

台湾・台中職業訓練センター開所式に出席（1976年）

叱られるかもしれないと恐る恐る事情を話した私への、大臣からの返事は、耳を疑うかのような嬉しい許可であった。

一九七二年九月に椎名特使の受け入れ交渉のため訪台した際も、その七月に、石田博英代議士が全国組織委員長に就任した直後のことであったにもかかわらず、あの時もしばらくの間、委員長を補佐する職務から離れ、私が自由に行動することを許して下さった。

私は、興奮を覚えながら台中の職業訓練センター開所式に臨んだ。それまでの私の中華民国・台湾との関わりは、政党人としての活動の一端であったわけである。しかしこの時の訪台は公人としての行動であって、石田大臣の言われたとおり、台湾との縁の深さをしみじみと感じさせられた旅であった。もちろん公用旅券を申請するわけにはいかず、手持ちの一般旅券を使っての渡航であったが、帰国後、しばらくしてから、公職の身分にある者が台湾へ行ってきたということで内閣の人事担当者から注意を受けた。

厳格だった公務員の往来は時が経つにつれ次第に緩やかになり、現在では中央官庁の局長レベルの交流も必要に応じ進んでいる。

Ⅲ

断交後の日台交流

第六章　東日本大震災でみえた台湾との友情

※断交後は中華民国を台湾と表現することにする

台湾と国交が無いことを知らない若者たち

五十年前の断交当時、この先両国の関係はどうなってしまうのだろうかと、私なりに心配もした。

日本政府は、台湾を国家として認めるわけにはいかない。したがって、本来あるべき国と国との対等な付き合いはできない。台湾側からすれば不満は当然である。国家というレベルで考えれば細かいことかもしれないが、不平等という面で一例を挙げるならば、こんなことがある。日本台湾交流協会の台北事務所には、歴代どこかの国の大使を経験した人が代表として赴任している。代表の使用する乗用車と何台かの車には、公用車としてのいわゆる外交ナンバーが与えられている。一方、日本駐在の台北駐日経済文化代表処の車には、一台も外交ナンバーが使われていない。これは台湾を国家として認めていない日本政府の一貫した方針の帰結である。

ちなみに現在の駐日代表は、かつて行政院長（総理）を務めたことのある謝長廷《しゃちょうてい》（一九四六～）氏である。しかし最近、非公式のようではあるが日台双方の代表の名刺に「大使」という肩書が使われるようになった。この変化は私にはとても興味深い。

国家間の関係はともあれ、国民相互の交流は、国交の有無などにまったく頓着《とんちゃく》することなく活発に行われている。国民の民間交流に支障をきたさないように十分配慮がなされたことは、双方の政府の努力と相互理解に基づく政策が成功した結果といえるだろう。その基盤は、国民同士の友好と信頼の強さによるものである。国と国との外交関係があっても、しっくりいっていないケースもある。

日本から多くの若者が台湾に旅行している。折にふれ彼らに「日本と台湾に国交がないことを知っていますか」と尋ねてみると、ほとんど知らないのが実情である。

昔、台湾は日本人にとって男性天国などといわれた。大人の男性が遊びに行く国として、日本の女性からは評判がよくなかった。しかし、今はすっかりイメージが変わった。汚名挽回《ばんかい》に努力した台湾観光局の努力の結果である。

今ではむしろ若い女性たちに人気がある。食べ物が安くて美味しい。とくにスイーツの評判が高い。エステやマッサージも楽しい。治安がよい。もちろん家族旅行も多い。台湾の魅力はいくつもある。とりわけ、台湾に行ったことのある日本人の誰しもが感じていることは、台湾の人たちが親切だということであろう。

ちなみに二〇一九年の日本人の訪台者数は約二百十七万人。その中にはリピーターが相当数いる。台湾でのよい思い出が心と足を向けさせるのであろう。一方、台湾からの訪日客は約四百九十一万人とはるかに多い。台湾の人口は二千四百万人だから、五人に一人は日本に来ている計算になる。台湾の人たちの多くは、世界中でいちばん好きな国は日本であるという。

現在、さまざまな分野で日本と台湾の民間交流が活発に展開されている。微力ながら私自身も、日台の友好を深めるための活動を続けてきた。民間交流の一例として、私がたずさわった活動もここに紹介させていただく。

中央大学日華友好会の活動

私の母校である中央大学は、一九九九年三月に台北の円山大飯店において「中央大学特別卒業証書贈呈式」を挙行した。

戦前、中央大学には多くの台湾からの学生が学んでいた。しかし、戦況が悪化した一九四三年、彼らも学徒動員により召集され、戦後に復学できなくなってしまった。戦後半世紀以上が過ぎ、学問の志半ばにして無念にも学舎を去った同窓生に特別卒業証書を贈呈しようと、高木《たかぎ》友之助《とものすけ》（一九二三～二〇〇〇）総長が音頭を取って実施したのである。

私たちOBにも参加の誘いがあり、いちばん後輩の私がOBの団長を仰せつかって出席した。証書を受ける対象者は、ほとんどが八十歳以上であった。大学からは高木総長のほか外間寛《ほかまひろし》（一九三一～）学長をはじめ各学部長、また台湾側からは駐日代表を務めた林金莖亜東関係協会会長、台北市長や政府の要職を歴任した許水徳《きょすいとく》（一九三一～）氏らが出席し、盛大な式典となった。

中正紀念堂、記念碑の前にて「友好の桜」を揮毫した海部元首相と（2011年3月）

この年の九月に台湾中部をマグニチュード七・六の大地震が襲い、大きな被害をもたらした。震源地の地名をつけて「集集大地震」と呼ばれている。春の特別卒業式に参列した学員の中から、被災地にお見舞いを届けようという声が上がった。私たちの台湾に対する友好の証として義援金を集め台北駐日経済文化代表処に届けた。

そうしたことがきっかけで台湾との交流の組織をつくろうということになり、二〇〇〇年一月に中央大学学員日華友好会が設立された。中央大学では同窓会を「学員会」、卒業生を「学員」と言う。会長には私の八年先輩で大学の理事を務めた長田繁氏を選び、六年先輩の土屋頼子氏とともに私も副会長を引き受けることになった。

二〇〇三年に台湾でSARSが流行した時も

見舞金を届けるなど、折にふれ困っている台湾へと心を寄せてきた。この日華友好会の歩みも二十年になる。その間、毎年仲間を募って台湾の各地に桜を植えに出かけている。

最初の植樹は二〇〇五年二月、台北にある中正紀念堂の構内であった。そこには外国の物はいっさい持ち込ませないという厳格な決まりがあったようだが、曽坤地管理処長の理解と尽力によって日本の桜が植えられることになった。

防疫上の理由で、持ち込んだ苗木は一年間、陽明山公園の林務局管理地に預けられた。苗木の種類は東京農大の中村恒雄《なかむらつねお》教授の指導を受け、暑さに弱いといわれる染井吉野以外に九種類を選んだ。日華友好会の町田武事務局長が公益法人日本花の会から苗木を譲り受ける交渉を担当し、搬出・搬入などの際の検疫・通関の手続きを手分けして準備に当たった。

仮植えを経て一年後に中正紀念堂に移植された桜を「友好の桜」と名付けた。紀念堂正面に向かって右側の一郭に記念碑も設置した。花蓮産天然石の碑には、海部俊樹元総理に揮毫《きごう》をお願いした「友好の桜」の四文字が刻まれている。

日華友好会の植樹活動は、金門島の国立金門大学、東呉大学、世新大学、国立中央大学、新竹県五峰郷の桃山小学校など各地に広がり、現在まで植えた桜の数は約千五百本に達している。

日台スポーツ・文化推進協会の設立

二〇〇五年には、スポーツや各種文化交流を進める組織として日台スポーツ・文化推進協会を設立し、私が理事長を務めることになった。さまざまな交流を続けているうちに、十一万人以上が参加する台北国際マラソンがあることを知ったことが、設立のきっかけである。

台北国際マラソンの主催は、台北市政府と中華台北マラソン協会である。尋ねてみると日本人ランナーは皆無だという。日本ではマラソン愛好者が多く各地で大会が開催されていることは知っているが、台湾でそれほど大規模なマラソン大会があることは知らなかった。私はぜひ日本人も多く参加して、汗を流しながら友好を深めてもらいたいと考えた。「日台スポーツ・文化推進協会」をつくることになったのは、そのための必要性からである。

実際どんな大会なのかを知るために、私は二〇〇六年十二月に台北に出かけた。フルコース、ハーフコースのほかに、台北市政府庁舎の周りを三キロほど走るというよりは楽しむ、ファンランというコースもある。参加希望者は登録制で、ゼッケンを配布して人数を掌握する仕組みになっている。ファンランコースには、親子連れやゼッケンをつけた犬も参加している。台北市政府庁舎の前に大きなステージが設けられ、出発前に音楽と踊りのアトラクションが始まる。まるでお祭りである。

私は主催者と協議をして、翌二〇〇七年から日本人も参加できるよう協定書を交わした。そして日刊スポーツ社の協力を得て参加者を募り、早速翌年の台北国際マラソンには日本人ランナー百四十名が参加した。名誉なことに、私は郝龍斌《かくりゅうひん》（一九五二年～）台北市長と並んでスターターを務めた。

海部元総理、瀬古利彦氏、台湾の許世楷駐日代表、楊忠和(左から三人目)体育担当大臣ら(2008年)

翌二〇〇八年のマラソン大会には、箱根駅伝解説者の瀬古利彦《せことしひこ》氏、碓井哲雄《うすいてつお》氏にも台北へ同行していただき、マラソン大会前夜には日本人ランナーたちを対象にランニング上のアドバイスもしてもらった。年々日本からの参加ランナーも増え、今では私の手を離れているが在留邦人も含め参加者は約千人に及んでいると聞いている。

二〇〇七年六月には、台湾民主紀念館と日台スポーツ・文化推進協会が共催で「台日文化交流展」を催した。京都在住の藤林知花さんが出展した豪華な西陣織の着物に台湾の人たちの関心が集まった。

台湾民主紀念館とは、実は中正紀念堂のことであるが、中正すなわち蔣介石総統に否定的な民進党が政権を担った二〇〇七年から二〇〇九年までの間、名称を変更したのである。

二〇一〇年には日本バードカービング協会の内山春雄《うちやまはるお》会長から要請があり、中正紀念堂を会場に多くの作品の展覧と内山氏の実演を公開した。内山氏の手による木彫りの鳥たちは本物そっくりで、とくに子供たちの目を奪った。その後、「日台友好バードカービング展」として回を重ね、台湾でバードカービングという一つの文化が根付いたと内山氏から嬉しい知らせを受けている。

日本文化を台湾に紹介し、日台の文化交流を行いたいという相談には、私はできるだけ協力もしてきた。

二〇一一年十月には「辛亥革命一〇〇年記念」と銘打ち、会場も辛亥革命を実現した孫文を顕彰する国立国父紀念館において「日・中・台書画展」を主催した。孫文は台湾でも中国でも国父として尊敬されている。

日本で長年にわたって書道を指導している全日本華人書法家協会の劉洪友《りゅうこうゆう》（一九六一〜）会長、台湾の中華書学会張炳煌《ちょうへいこう》（一九四九〜）会長、さらに中国からも著名な書家林散之《りんさんし》（一八九八〜一九八九）のご長男林悠之《りんゆうし》書法芸術館館長一行が一堂に会した。

日中台の書家による作品が多数展示され、書画という共通の文化を通じ国境を越えた交流が図られた。友好の実を挙げることができたと喜んでいる。オープニングには、海峡交流基金会の江丙坤《こうへいこん》（一九三二〜二〇一八）理事長、交流協会台北事務所の今井正《いまいただし》（一九四四〜）代表のご臨席をいただき、賑々しくテープカットが行われた。

台北国際マラソンのスタート前、郝台北市長(左)瀬古利彦氏(右)と(2007年12月)

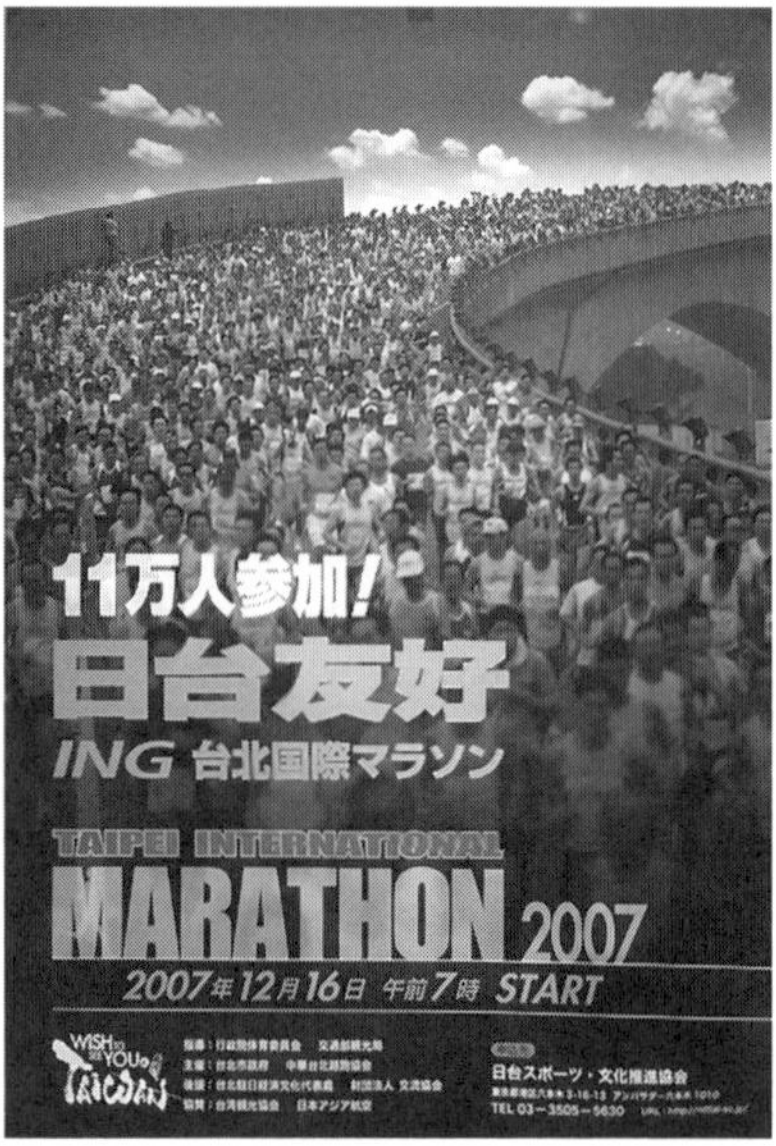

日台友好マラソンの参加者
募集ポスター(2007年)

台湾で知った東日本大震災

二〇一一年三月十一日、マグニチュード九・〇という大規模な地震と、それに伴う大津波が東日本一帯を襲った。

私はその前日から、海部元総理をはじめ中央大学の仲間四十数名と一緒に台北に滞在していた。母校と協定を結んだ台湾の国立中央大学に桜を植える目的の訪台だった。十一日の午前中、私は一行とは別に海部先生のお伴をして、総統府での馬英九《ばえいきゅう》（一九五〇〜）総統との会談に同席していた。その後、パトカーに先導され仲間の待つ大学に駆けつけ植樹式典に臨んだ。

蔣偉寧《しょういねい》学長招待の昼食会が終わり、次のスケジュールに移るため、海部先生と車に乗り込んだ時、二男の大《だい》から電話がかかってきた。東北地方沿岸で地震による津波が発生し、人も家も車も流され大変なことになっているという。隣で聞いていた海部先生から東京の事務所に電話をしてくれと言われ、すぐに試みたが、すでに通話不能になっていた。

一晩中、目を覆いたくなるような惨状を台湾のテレビが報じていた。

明けた十二日午前九時、ホテルにいる海部先生宛に馬総統からお見舞いの電話がかかってきた。中華民国の国民とともに日本へできるだけの支援をしたい、という内容であった。

私たちは早々に帰国することにした。帰国に先立ち、海部先生から私に台湾の友情に対して謝意を表したい旨の指示があり、交流協会の協力を得て三時に宿泊していた国賓大飯店（アン

総理就任直前の海部代議士と（台北空港内貴賓室で）

バサダーホテル）で記者会見を行った。
日本行きの各航空会社のフライトスケジュールは混乱をきたしていたが、海部先生と私が搭乗した台北（松山空港）四時発のエバー航空一九〇便は一時間遅れただけで羽田に到着できた。
ちなみに海部先生が総理になる直前にもお伴をして訪台したことがある。

世界最高額の台湾からの義援金

日本の震災への台湾側の対応は驚くほど速かった。十一日のうちに救援（レスキュー）隊の派遣を表明したのである。しかし、実際に羽田空港に到着したのは十四日だった。遅れた理由は台湾側の事情ではない。十四日付朝日新聞は、台北支局の村上太輝夫記者が「台湾の救援隊、二日待たされ到着　日本、中国側に配慮か」という見出しで報じている。被災者の生命が一刻を争う時に躊躇《ちゅうちょ》は無用である。

また台湾から届けられた義援金は二五〇億円以上で世界最高額である。

自民党青年局訪台団に参加

東日本大震災に対する台湾からの温かい支援の中で、あまり知られていないエピソードをぜひ記録しておきたい。

まさに「まさかの時の友は真の友」の証である。

中華民国の建国記念日は十月十日で、毎年その日には総統府で式典が催されるが、二〇一一年は建国百周年に当たるため、記念式典は例年より盛大に執り行われた。

台湾との交流を続けてきた自民党青年局は、麻生太郎《あそうたろう》（一九四〇～）元総理を団長とする慶祝訪問団を台北に派遣することになった。大勢の国会議員とともに私も参加した。麻生元総理は青年局長経験者である。安倍晋三《あべしんぞう》（一九五四～）総理も海部俊樹元総理も若い頃、青年局長を務めたことがある。

さて、建国記念日前日の九日に台北入りした私たち一行が、真っ先に向かった場所がある。集集大地震の震源地に近い建民小学校である。三・一一東日本大震災の後、この小学校から二百万円近いお金が日本に届けられた。

東日本大震災の際、当時校長だった謝進立《しゃしんりつ》先生が生徒たちを一堂に集めて次のような話をしたそうである。

「十二年前の集集大地震によって、建民小学校の校舎は完全に壊れてしまいました。現在皆が勉強しているこの立派な校舎は、日本の皆さんからの温かい援助のおかげで建て替えられたものです。今、日本が地震や津波によって大変な状態になっていることは知っていますね。今度は私たちが、困っている日本の人たちを助けてあげる番です」。

翌日から生徒たちが、貯めていた小遣いを学校に持参してきたという。そのお金が日本に届けられたのである。涙が出そうになる話で、胸が熱くなる。

小学校に着くと、生徒たちが私たち一人ひとりに花を手渡して歓迎してくれた。麻生団長がお礼の言葉を述べ、私たちはしばし交歓の時を持ったのである。小学校には感恩亭という東屋《あずまや》ふうの建物がある。日本への恩を忘れないために建てたのだと聞かされた。

未来へと向かう日台友好

私は二〇一九年末に齢八十歳を迎えた。これから先、そう長くは活動を続けることはできないと思っている。幸い、後に述べる「謝謝台湾プロジェクト」を一緒に推進してきた若者たちがいる。私にとっての宝である。日台友好が永遠に続き、発展することを願い、後事を彼らに託したい。

また、これからの日本を背負う若手の議員たちも台湾との友好の重要性を認識し、積極的に交流を図ろうとしている。日本の都市と台湾との都市との交流も活発化している。そうした動きを見るにつけ、私は日台友好の未来に大きな希望を抱くことができる。

小松市と彰化市の友好協定

二〇一二年四月、八田與一《はったよいち》（一八八六～一九四二）紀念公園に「絆《きずな》の桜」を植えるため、森喜朗《もりよしろう》（一九三七～）元総理に台湾へご足労をお願いした。その道々のことであったが、森元総理から「僕の地元石川県小松市と台湾のどこかの都市と友好関係を結びたいのだが、松本君、研究してみてくれないか」という話が出た。

そこで後日、台北駐日経済文化代表処の羅坤燦《らこんさん》副代表に相談したところ、五つの市が候補に挙がってきた。人口五、六万人の市と二十万の彰化《しょうか》市であった。森元総理に報告したところ、相手は大きいほうがいいよとの一言で彰化市が候補となった。彰化市の側にも異存はなかったという。

しかし、いきなり友好関係という運びにはならない。それぞれが段階を踏んで進めなければならない。五月になると、森元総理の意向を受けて小松市の円地仁志《えんちひとし》議長が議会の粟井憲之《あわいのりゆき》局長を伴って私を訪ねてきた。私は台北駐日経済文化代表処の羅副代表に引き合わせることにした。石川県の台湾側所管は大阪弁事処ということで、あとの作業は羅副代表にお願いすることにした。

小松市では、まず議員交流から始める方針を決めた。ついては日台関係の歴史、台湾の現状について研修を行いたいということで、私に講演の依頼がきた。九月に小松商工会議所において小松市の議員、商工会議所のメンバー五十名を対象に講演会が開かれた。そして十月に円地議長が彰化市に出向いたのを皮切りに、議員交流が開始された。

また、二〇一三年五月の「お旅まつり」に合わせて、彰化市の邱建富《きゅうけんふ》市長、議員一行二十六名が小松市を訪問し、私も招かれた。「お旅まつり」とは、小松市内の二つの神社の春季祭礼であるが、金箔《きんぱく》と漆で飾られた豪華な曳山《ひきやま》が町を練り歩く行事で、曳山の上では子供歌舞伎が披露される。曳山は二百年以上もの古い物である。なんでも江戸時代初期に加賀藩主の前田利常《まえだとしつね》（一五九四〜一六五八）公が始めたお祭りとのことである。

その後も両市の交流は順調に進められ、二〇一八年十月、小松市議会議場で和田愼司《わだしんじ》市長、梅田利和《うめだとしかず》議長、彰化市から邱建富市長、楊惟欽《よういきん》市民会主席（議長）が出席し、彰化市・小松市友好協定締結式が挙行された。両市長が協定書にサインを交わすのを見届けた時には、これで森元総理への責任を果たすことができたと、ほっと胸を撫《な》で下ろしたことを思い出す。現在、両市の交流は続けられている。

自民党青年局研修会で講演

自民党青年局は、毎年国会議員や地方議員の代表を台湾に派遣し、日台の交流を図っている。二〇一三年九月には百名近い議員団を派遣するという大型ミッションとなった。団長を務め

小泉進次郎代議士（自民党青年局長当時）と（2013年9月）

る小《こ》泉《いずみ》進《しん》次《じ》郎《ろう》青年局長の人気も手伝ってのことである。

出発日の何日か前に青年局から私に電話がかかってきた。小泉青年局長が、「台湾訪問が単なる物見遊山であってはいけない。台湾について事前に勉強しておく必要がある。とくに青年局が台湾と交流を始めた経緯とその実績について松本さんに講演をしてもらいたい」ということである。

石《いし》破《ば》茂《しげる》幹事長の挨拶の後、一時間ほど話をした。小泉青年局長とは、その二年前、麻生訪台団のメンバーとして一緒に旅をした仲である。旅先でいつも英字新聞を熱心に読んでいたことが強く印象に残っている。

将来の日本のリーダーとして大成してほしいと大いに期待している。

コラム　「三つのノー」はノー

日本にとって唯一の同盟国である米国も、台湾とは深い関係にある。米国は、一九七九年一月一日に中国との国交樹立に伴い、台湾との国交を断絶した。しかし同年四月十日には、東アジアにおける急激な軍事バランスの変化や、中国による台湾占領といった事態を避けるため、台湾関係法を制定し、一月一日に遡《さかのぼ》って施行している。日本が交流継続を望んでくれたこと、米国からの事実上の軍事同盟関係維持という意思表示があったこと、この二つは、台湾にとって頼れる二本の支柱と言えるものであった。

ところが一九九八年、米クリントン大統領は六月に訪中した際、江沢民《こうたくみん》（一九二六〜）国家主席に突きつけられた「三つのノー」を承諾したのである。

「三つのノー」とは、(1)二つの中国（一つの中国、一つの台湾）を支持しない、(2)台湾独立を支持しない、(3)台湾の国際機関加盟を支持しない、というものである。

中国にとっては、米大統領からこれら「三つのノー」の言質を取ったことは外交上大きな得点であるが、台湾にとっては青天の霹靂《へきれき》であった。

中国外交部（外務省）は、日本に対しても同年十一月の江沢民主席来日に向けた事前協議の段階で「三つのノー」を要求してきた。小渕恵三内閣時代の話である。

台湾にしてみれば、米大統領のみならず日本政府までもが中国の要求を呑むようなこと

高村正彦元外務大臣と

になれば、頼りにしていた二本の支柱が失われ、国家の存亡にも関わる事態になりかねない。そのため荘銘耀《そうめいよう》（一九二九～二〇〇二）駐日代表はもとより、台湾からも要人が来日し、日本の政界をはじめ各界の知友に対し「三つのノー」を受け入れないよう要請してまわったのである。

しかし台湾の立場に対する理解は得られるものの日本政府の方針を確認することはできなかった。

台北駐日経済文化代表処の林錦清《りんきんせい》顧問からもたびたび私に連絡がきた。何か良い方策はないか、いろいろ手を尽くしたが「三つのノー」に対する日本政府の見解が確認できない。ぜひ協力してほしいという。

私は政府の考え方、方針を確認できないままでも、台湾側の意向を伝えることは可能であろうと思い、十一月十六日に高村正彦《こうむらまさひこ》（一九四二〜）外務大臣を訪ねた。私が最も尊敬する政治家の一人である。

私の話を聞いた後、高村大臣は「松本さん、心配しなくていい。大丈夫だよ」と話してくれた。この時点では部外者が誰も知りえなかったトップシークレットだったはずである。「三つのノー」は受け入れないという小渕総理と高村大臣の意思は、すでに一致していたものと想像できる。翌日私は、代表処に林顧問、荘代表に吉報を伝えに行ったのである。

話は少し逸れるが、高村氏は小渕外務大臣時代に外務政務次官を務めたことがある。その頃から二人の間には、絶大な信頼関係が築かれていたに違いない。

後に橋本内閣を引き継いだ小渕総理は、高村氏の手腕、力量を高く評価して後任の外務大臣に任命したのである。

江主席来日の直前、高村大臣と唐家璇《とうかせん》（一九三八〜）外交部長（大臣）による最終協議が持たれたが、「三つのノー」問題は決着済み案件として議題にはならなかった。中国側にすれば、米大統領が認めたものを日本が拒否したことは想定外だったと思われる。

台湾海峡の安定は、日本の安全にとってもきわめて重要である。高村大臣は、事前協議の場で中国側がどうしても「三つのノー」に固執する時は「中国は台湾を武力解放しない」というもう一つの「ノー」を加えるようにと事務方（担当官僚）に指示していた。

高村氏と私との関係についても触れておく必要があろう。卒業は私が二年先であるが、ともに中央大学の同窓生であり、学内でも司法試験受験者が入る研究室、正法会の出身である。

高村氏は弁護士から代議士へと進み、当時の三木派に所属する。私は自民党本部に勤めた後、三木派の重鎮であった石田博英、さらに第七十六・七十七代内閣総理大臣に就任した海部俊樹という同じ派閥に属する二人の政治家の秘書を務めることになる。

そのような縁が重なり、今日まで親密な家族ぐるみの付き合いをさせていただいている。長男は結婚式の媒酌人を引き受けていただき、二男は十四年半にわたり秘書として鍛えていただいた。今でも息子のように目を掛けていただいている。感謝してもしきれない。

第七章　台湾に感謝

謝謝台湾プロジェクト

私は、東日本大震災への台湾からの支援に対し、感謝の気持ちを伝えたいと思い、有志に働きかけていくつかのプロジェクトを実施してきている。プロジェクトの実行部隊は日台スポーツ・文化推進協会を母体とし、そのつどチームを組織してきた。

とくに「黒潮泳断チャレンジ」は、いくつもの難題を克服して実現した壮大なスケールの事業で、映画化されてもいいくらいだと思っている。この黒潮泳断チャレンジに続き、毎年〝謝謝台湾〟をスローガンにイベントを実施することにした。

(一)黒潮泳断チャレンジ

震災発生直前の二〇一一年三月五日、鈴木《すずき》一也《かずや》と名乗る青年から電話を受けたことが、すべての始まりである。伊豆の大島から茅ヶ崎まで泳いだことがある。次は沖縄から台湾まで泳いでいきたい。いろいろ協力、支援をしてもらえないか。鈴木君の話は、このようなことである。あまりに常識外れで無手っ法な内容である。しかし、せっかく私を頼って電話をしてきたのだから、無下に断るのも気の毒だと思った。電話での口調は礼儀正しい。正直私は、この途方もない話をする鈴木青年に興味を覚えた。「数日後に台湾に出かけるので、中旬以降にあらためて電話を下さい」と言って電話を切った。

三月十八日に鈴木君と会うことになった。震災から一週間後のことである。すでに台湾からレスキュー隊が派遣され、救援物資が続々と日本に届けられていた。

鈴木君はボサボサの頭髪、屈強な体格で、まるで昔映画で観たターザンを彷彿《ほうふつ》させる第一印象だった。「君はどんな仕事をしているのかね」と尋ねると、彼は快活に「僕はパナソニックのサラリーマンです」と答えた。パナソニックといえば日本を代表する一流企業である。おおよそサラリーマンのイメージとはほど遠く、その風貌《ふうぼう》からはとても想像できない。正直驚いた。

そもそも台湾まで泳いで行きたいなどという発想が尋常ではない。「君は本気で考えているのか」と念を押したが、ぜひ挑戦したいという彼の気迫に押され、私も真剣に向き合う覚悟を決めた。そこで私からの提案を端的にぶつけてみた。

その提案というのは、大震災の被害が大きかった岩手、宮城、福島の知事から台湾の支援に対する感謝のメッセージを取り寄せ、それを台湾まで泳いで届けるというものである。

日本から台湾に最も近い場所は、日本最西端の島である沖縄の与那国島《よなぐにじま》である。そこから台湾の蘇澳《すおう》までは直線で百十キロ。鈴木君の力量を見込んでのことではあったが、今思うと私の方もとんでもない話を切り出したものだと半ば反省をしている。

台湾まで泳いで行きたいと言っていた鈴木君である。わが意を得たとばかり、「こんな時ですから、僕も台湾に感謝の気持ちを伝えたいと考えていました。僕、泳いでメッセージを届けに行きます」と言い切った。私と鈴木君の気持ちは一つになった。

東日本大震災の際、世界各国から日本は多くの支援を受けた。前述したが中でも台湾からは群を抜いた二百五十億円を上まわる義援金が届けられた。支援各国に対して政府は海外の大手新聞に謝意を表わす広告を出したが、なぜか台湾に対しては馬英九総統に対し感謝状を送っただけで、国民に謝意が伝わるような手段を講じなかった。そのことを知った何人かの知友から、「日本人は恩知らずの民族と思われてしまう。台湾の人々からの友情に対し、知らん顔をしていてよいはずがない。松本、何か方策を考えろ」という連絡をもらっていた。

あの黒潮の海峡を若者が台湾まで泳いで、日本人の謝意を届ける。無謀といわれるだろうが、このくらい大胆なことをやらないとメディアが取り上げてくれない。この企画が成功すれば、多くの報道によって日本人の感謝の気持ちが台湾の人たちに伝わるに違いない。しかし、本当に実現できるだろうか。

海峡には世界三大潮流といわれる激しい黒潮が流れている。海溝は四千メートルにも達し、いうなれば底無しの深さのところもある。加えて鮫《さめ》がたくさんいるという。さらに予測できない危険が潜んでいるかもしれない。実現のためには、泳力だけでなく並外れた強靭《きょうじん》な精神力が必要である。

敢行するにしても、鈴木君一人に託すわけにはいかない。私は、スイマーを十人くらい探してリレー方式で泳ぐように勧めた。三県の知事からの感謝のメッセージをもらうことや、日台間の出入国問題をはじめ想定される諸手続きは私が担当することにした。

《黒潮泳断チャレンジ実現までの道のり》

鈴木君もこの企画に賛同する若者を紹介してくれて、十名ほどで実行委員会を立ち上げた。六月初旬のことである。そしてプロジェクトの名称を「謝謝台湾——黒潮泳断チャレンジ」とした。

さらに、私にはどうしても仲間に加わってほしい人物がいた。一人で企画して台湾の新聞各紙に謝恩広告を出した広告デザイナーの木坂麻衣子《きさかまいこ》さんである。彼女にたどり着くのには苦労したが、仲間入りを快諾してもらえた。また、鈴木君の友人で、トライアスロンを趣味にしているスポーツウーマン汐見千佳《しおみちか》さんにも、ずいぶんお世話になった。彼女は若いのに、日本橋に本社がある富士フィルター工業株式会社の社長を務めている。実行委員会を開くたびに、彼女の会社の会議室を使わせていただいた。

鈴木君はスイマー探しに苦労をした。全国のスイミングクラブにも当たったが、プールで優秀な記録を持っている選手でも、風や波のある海では通用しないという。我こそはと名乗り出てくれたスイマーが何人かいたが、東京お台場付近の海でテストした結果、黒潮を横切って泳ぐのは無理だろうと判断し、断念してもらったという。

しかし、時間は要したが、鈴木君以外に四人までスイマーが揃った。東京消防庁水難救助隊員の鈴木敦士君、自衛隊体育学校所属の山本晴基君、サンフロンティア不動産株式会社のサラリーマン石井健太君、拓殖大学四年生のライフセーバー清水雅也君である。

できうるならば、一人くらいは被災地に関係のあるスイマーを見つけたいと思ったところ、南相馬市出身で中央大学水泳部三年生の山田浩平君の名前が浮かび上がってきた。私は母校中央大学水泳部の高橋雄介《たかはしゆうすけ》監督を訪ね、事の詳細を説明し了承を得た。山田君の実家に電話をしてお母様の了解をいただいたうえで、本人とも話し合った。その結果、ぜひ参加したいとの話がまとまり、鈴木一也君をリーダーとする六名のスイマーチームが完成した。

泳いで与那国島から出国して、台湾の蘇澳に入国する。こんなことは前例がないので、出入国管理をはじめ関係諸機関の許可を取ることは至難である。

そこで私は、まず台北駐日経済文化代表処の馮寄台《ひょうきたい》（一九四七〜）代表と羅坤燦副代表に、この計画について打診した。東京都知事選挙投開票（四月十日）の直後だったと記憶している。奇想天外な企画でアピール効果はあるだろうが、危険極まりないではないかというのが馮代表の第一声であった。考えられる安全策を講じて実行するので、その際はぜひご協力を願いたいと懇願をした。

日本からの出国は交流協会（現日本台湾交流協会）に協力を要請しながらも、手続きに時間がかかりそうなので、鈴木君と一緒に直接出先の関係機関に陳情に出かけることにした。五月二十日午後、石垣島に飛び、翌日与那国島に移動し、サポーター役として鈴木君の明治大学の後輩で会社勤めの田口誠君と合流した。石垣島から与那国島に向かったのは、黒潮の流れがどのくらい速いのかを調べるために、鈴木君がテストスイミングを行う目的もあったからだ。

私が自民党本部で働いていたことの縁で今日まで私の活動に理解を示し、折に触れ激励し協力してくれている人物がいる。党職員としての定年はすでに過ぎているが、余人をもって代え難いとして歴代の総理総裁、幹事長から退職を慰留され続け、一代限りという条件で以前は党事務局に存在しなかった事務総長というポストに就いている元宿仁《もとじゅくひとし》氏である。年齢は私より若干下ではあるが、私が心から尊敬している畏友である。このプロジェクトについても相談に乗ってもらった。

与那国島から台湾に向かうには、地元の人たちの協力も必要である。そこで元宿氏は、与那国の海の男で海底遺跡の発見者として知られる真謝喜八郎《まじゃきはちろう》氏を紹介してくれた。真謝氏は、所有船舶の祥太二世号でスイマーたちを台湾まで先導しようと約束してくれた。

与那国島での鈴木君のテストスイミングにも、真謝氏が協力してくれた。真謝氏の祥太二世号は、鈴木君、田口君、そして私を乗せて与那国島から外海に出た。頃合いを見て鈴木君が海に飛び込んで、船の後ろについて泳ぎ始めた。

島の西の端には西崎《いりざき》という灯台がある。祥太二世号に乗ってその灯台を見ていた私は、船が西方に向かっているはずなのに、灯台の位置がほとんど左に動いていないことに気が付いた。明らかに潮流によって北西に流されていたのである。鈴木君の激泳はしばらく続いたが、真謝氏の話ではこの日はとくに流れの速い大潮だという。潮流の比較的緩やかな日を選べば、もっと楽に泳げるということだった。テストスイミングはあと二回実施することにして、本番は九月十七日と決めた。

残る大きな課題は、出国、検疫、税関など諸官庁の許可問題である。さらに、安全航海のために海上保安部の指導も仰がなければならない。与那国島から石垣島へ戻り、関係する役所を訪ねた。こんな話は今まで聞いたことがないと、ややあきれ顔で役所の誰もが首をひねったが、私は前向きな検討をお願いした。

それでも海上保安部では、いくつか具体的なアドバイスをもらった。外航の船舶には救難対策上のさまざまな装備が必要なので、小型船舶検査機構（ＪＣＩ）を紹介してもらい、指導を受けることになった。乗組員の数によっていくつかの救命ボートが必要で、イリジウム衛星電話も必携である等々厳しい条件を備えなければならないという。

スイマーに伴走するカヌーも手当てしなければならない。また、真謝さんの祥太二世号のほかに、スイマーやカヌーの漕《こ》ぎ手が交代で飲食や休憩をするための船をさらに一隻用意しなければならない。

カヌーは、前後二名で漕ぐ長さ八メートルのものを購入した。漕ぎ手は前述した田口誠、会社勤めをしながら茅ヶ崎海岸でボランティア活動をしている森大二、大学講師の鈴木功士、サラリーマンの小林章宏、会社を経営している島村保の若い諸君が担当することになった。いずれも鈴木君とは気心の知れた仲間である。

もう一隻の船探しには苦労した。範囲を沖縄から九州まで広げ八方当たってみたが、船の大きさや費用の面で折り合いがつかず、時間ばかりが経って焦燥感が募った。しかし、本番まで一カ月に迫った頃、宮古島の渡真利将博氏が所有する双胴ヨット（カタマラン）のティダアゲイン号をチャーターすることができた。ティダアゲイン号には、スイミングスクールを経営する権藤嘉江子さん、木坂麻衣子さんと石田健太郎ドクター、さらに記録係として鈴木君の学友マッシーこと漆原真央君が乗ることになった。

このプロジェクトをサポートしてくれる応援団には、海部元総理、大臣歴五回の高村正彦代議士、小泉進次郎代議士、さらに歌手の一青窈《ひとと よう》さんや女優の田中千絵《たなかちえ》さんといった芸能人も名を連ねてくださった。六月に入って交流協会、台北駐日経済文化代表処がともに協賛してくれることも決まった。台北駐日経済文化代表処の馮代表は、台湾側もできるだけ協力すると約束して下さった。これでプロジェクトの実現可能性は一段と高まったのである。

七月には、台湾の蘇澳にも出向いて到着予定地の豆腐岬の浜を視察し、宜蘭《ぎらん》県蘇澳鎮の役所も訪問して協力をお願いした。岩手県、宮城県、福島県の知事から馬英九総統宛の感謝のメッセージも預かることができた。

資金調達も大きな課題であった。台湾への謝恩新聞広告を出した木坂麻衣子さんには、クラウドファンディングを担当してもらった。私も、個別に知っている企業の友人に協力をお願いしてまわった。交流協会や台湾の代表処からも援助を受けることができた。多くの皆さんからの支援で、計画の実行に必要な資金の目途がついたのである。

プロジェクト本来の目的は、黒潮泳断を無事成功させ、台湾の人たちに日本人の謝意を伝えることである。そのためには、多くのメディにこのチャレンジを報道してもらわなければならない。そこで、九月十三日に台北駐日経済文化代表処公邸のホールを借りて記者会見を行った。内外の新聞社、テレビ局三十三社が取材に集まってくれた。私はプロジェクトの趣旨を説明し、鈴木君をリーダーとする六名のスイマーを紹介した。そしてこの夜、結団式を行った。

石垣島の入管事務所にも何度か連絡をして、出国手続きに協力してもらった。台湾側も担当官が蘇澳・豆腐岬の浜に出向いて対応してくれることになった。

《悪条件を克服しチャレンジ成功！》

東京でやれることは終わり、九月十五日には実行委員会も与那国島に移動することになった。総勢二十五名の部隊である。

しかし、島に着いてみると、頭の痛い問題が私たちを悩ませた。数日前に発生した台風一五号が大東島付近に停滞し、強風がおさまらず、海も大荒れの状態だったのだ。それでも決行予定日の十七日には静まることを祈りながら、真謝氏の案内で全員出発地点のナーマ浜を視察し、それぞれ担当ごとに本番に向けた念入りなチェックを行った。

十六日の午前中は、地元の小中学生を対象に学校のプールで水泳教室を開いた。練達のスイマーの模範水泳に子どもたちは驚喜した。夜は島の人たちと小学校の講堂で前夜祭を催した。外間守吉《ほかましゅきち》町長も出席し、島民が地元の民謡を披露してくれた。

こちらは用意していった日台合作映画『海角七号』を鑑賞してもらった。台湾で大ヒットした映画で、ヒロイン役はこの映画で一躍有名になった田中千絵さんである。泳断チャレンジプロジェクトの協賛者にもなってくれた女優さんだ。前夜祭が終わる頃には、風もだいぶおさまっていた。

いよいよ本番の日を迎えた。私たち全員が、早朝五時半頃にはナーマ浜に集合した。湾の内側は波も静かだが、外海に待機している祥太二世号の船体は、波間に大きく浮き沈みしている。外海はかなり荒れている状態が見てとれた。

台風の進路動向については、東京の気象庁、米軍、台湾気象台から逐次予報を得ていたものの、三者三様でまったく参考にならない。危険を冒すわけにはいかないので、前夜から私は、場合によっては中止もやむをえないと考えていた。スイマーを先導するキャプテン真謝氏とは、波が三メートルを越すようになったら、途中でも引き返すという約束をしていた。

黒潮泳断チームとナーマ浜にて。著者(中央)の左が鈴木一也氏

その真謝氏は、祥太二世号ですでに外海に出ている。ティダアゲイン号とカヌーのスタッフも出発した。ここに至っては鈴木君の判断に任せるしかない。彼もやはり海の男である。「やります、行かせてください」と何ら躊躇する表情も見せなかった。私は預かってきた知事たちのメッセージを彼に託した。

朝六時過ぎ、集まってきた地元の子供たちの声援を受け、六名のスイマーたちは一斉に海に飛び込んだ。私は波濤《はとう》を越えて台湾へ向かう一行の一路平安を祈りながら見送った。

事前の段階での話になるが、心配される危険は激しい黒潮のほかにもいくつか考えられた。その一つは鮫の存在である。俗説ではあるが、鮫は自分より大きいものは襲わないという。そのため鮫が現れる地方では、子供たちは長い褌《ふんどし》を流しながら海を泳ぐという話も聞く。良いと思われることは何でも採用しようと、先導する祥太二世号の船尾に五メートルほどの長いビニールを括り付けた。しかし、外洋に出る頃には波にもみくちゃにされてまったく役に立たず、早々に取り外す羽目になってしまった。

もう一つの鮫対策として、カヌーに電流を放出する装置を取り付けた。スーパー銭湯などに行くと、電流を流している浴槽がある。微弱な電流だが、私はあのピリピリ感が大嫌いである。どうも鮫も同じようである。スイマーたちもあのピリピリ感は嫌であろうが、鮫に襲われるよりははるかにマシだ。ところが、本番では危惧《きぐ》していた鮫の出現は杞憂《きゆう》に終わった。海峡の波のうねりは三メートルにも達し、海面が大荒れになったせいで、どうやら鮫たちは深場に潜って浮上してこなかったようである。

また、昼間は問題ないとして、夜間の灯りといえば、祥太二世号とティダアゲイン号の灯り以外にはまったくない。それは、灯りに向かって突進してくるダツという魚の難を逃がれるため照明を使えないからである。ダツは体長五十センチから一メートルくらいで、大きさは鮫とは比較にならないが、口先が細く尖《とが》っていて灯りに向かって突進する習性があるという。ダツが身体に刺さって、大怪我をしたり生命を絶たれた例もあるという。まるで鋭利な刃物である。ダツの存在を考えれば、灯りは大きな危険を招くことになりかねない。スイマーは伴走するカヌーから離れたら、一瞬にして漆黒の荒海を彷徨《ほうこう》し、行方不明になり生命の危険にさらされてしまう。そのためカヌーの漕ぎ手は、夜間もスイマーから絶対に目が離せない。みんなで夜間対策のアイデアを出し合った。目印にスイマーのキャップに豆電球を付け、カヌーの漕ぎ手はそれを常に注視しながら伴走するという案に決まった。

スイマーはまさに命懸けである。

カヌーの漕ぎ手の方も、その過酷さは変わらない。あとで聞いた話だが、海が大荒れの中、長さ八メートルのカヌーは波のうねりに乗り上げたり逆さまに急降下したり、ジェットコースターに乗っているようだったという。

ティダアゲイン号にサポーターとして乗った権藤さんは、前後左右に激しく揺れるヨットの上で、スイマーやカヌーの漕ぎ手のために料理をつくり続けてくれた。権藤さんの胆力には頭が下がる思いだ。荒波にもまれながら力泳を続けるスイマーたちも、ティダアゲイン号に上がると船酔いになり飲食もままならなかったという。しかし、そんな彼らが再び海に飛び込むと、まるでイルカのように泳ぎ出すというのだから、まさに海の猛者《もさ》である。


一方、私は十七日に与那国島のナーマ浜でスイマーたちを見送った後、彼らの到着に備えるため黒田幸さんと台湾に向かった。「十一時五分与那国発、十一時三十五分石垣着。十二時四十分石垣発、十三時三十五分沖縄着。さらに乗り継いで十九時三十分沖縄発、十九時五十五分台北着。二十一時半から交流協会台北事務所のスタッフとの打合せ」と当時の手帳にメモが記されている。この日は台北に泊まり、翌十八日朝に蘇澳へ移動して現場で一行を迎える諸準備

感謝、感謝…台湾まで110キロ泳ぎきる

【蘇澳（台湾北東部）＝吉村剛史】東日本大震災の被災地に義援金約200億円を寄せた台湾へ、泳いで感謝の気持ちを伝えようと、沖縄県・与那国島から出発した日本の水泳選手ら男性６人が19日午前、台湾北東部の宜蘭県蘇澳（すおう）の浜辺に到着し、歓迎を受けた＝写真（吉村剛史撮影）。

６人は福島、宮城、岩手の３県の知事から託された馬英九総統あての感謝状を携えている。ヨットやカヌーなどのサポートを受け、17日午前に出発。約30分ずつをリレー方式で交代しながら、黒潮の中を約50時間かけて、約110キロ泳断した。

浜辺では、台湾のスイマー100人以上が泳いで出迎えた。宜蘭県政府は特設ステージで歓迎式典を開き、林聡賢県長らが、「勇気ある行動に、日本の強い感謝の心を感じた」とねぎらいのあいさつ。

企画を発案した、ライフセービング日本選手権で優勝経験を持つ会社員の鈴木一也さん（31）は「長く、苦しかったが、台湾の皆さんの笑顔で疲れも吹き飛んだ」と応じた。

与那国島から台湾の蘇澳まで120キロ泳ぎ切った鈴木一也氏と硬い握手（2011年9月20日付『産経新聞』より）

に取りかかった。

私が台北に着いた頃を見計らって真謝氏から、全員無事で進行しているから安心してくれという電話がかかってきた。しかし、まだ道半ばである。聞いてみると波の高さは三メートルにも達しているという。それでも引き返すくらいなら先へ向かう方がいいと判断し、蘇澳を目指しているという。

大丈夫だろうかと私は心配になった。一時間おきに電話をかけてくれるように真謝氏に頼んでいたが、十七日の夜中から連絡が途絶えてしまった。台風の余波による強風のため、通信不能になってしまったのだ。私の不安は募るばかりで、二昼夜ほとんど一睡もできなかった。

そして十九日の朝六時頃、私は蘇澳の豆腐岬の浜辺に立って沖を見つめていた。この日のことを台湾の人たちは報道で知っていて、メディア関係者だけでなく地元の人たちも続々と集まってきた。海巡署（台湾の海上警察）の警備艇に護られるようにして、水平線上に長いティダアゲイン号のマストが、次いで祥太二世号の船体が見えてきた。私は感激で熱い涙があふれ出るのを止めることができなかった。

五十二時間に及ぶ悪戦苦闘の末、全員が無事に台湾へやって来たのだ。陳栄坤《ちんえいこん》さんをリーダーとする中華成人游泳協会のメンバー数名が、日本の若者の勇気を称えたいと出迎えに泳ぎ出した。歓声に包まれ上陸してきたびしょ濡《ぬ》れの鈴木君と、私はしっかり抱き合って彼の労をねぎらった。あの時の光景を思い起こすと、今でも興奮がよみがえってくる。

台湾側の好意で、入国、検疫、通関の手続きも問題なく終わった。浜辺一帯に歓喜が渦巻く中、特設ステージでの林聰賢《りんそうけん》県長（知事）主催の歓迎式典に臨んだ。昼食会の後、全員バスで台北へ移動し、十八時からは交流協会主催のレセプションに招かれた。国賓大飯店の会場には在留邦人を含め五百名ほどの人が出席し、大盛会となった。私たち一行は壇上に席を用意された。私がまず挨拶をした後、台湾メディアに「六勇士」と称賛され英雄となった六名のスイマーが紹介された。そして海峡を越えて運ばれてきた三県の知事のメッセージが、被災地南相馬市出身の山田浩平君から楊振添《ようしんてん》外交部長（外務大臣）に手渡された。映画『海角七号』の女優・田中千絵さん、大ヒット曲「ハナミズキ」で知られる歌手の一青窈さんも駆け付けステージに花を添えてくれた。

計画当初の期待どおり、このプロジェクトをメディアが大きく報道してくれたそのおかげで、多くの台湾の人々に日本人の感謝の気持ちが伝わったと確信している。絶対に事故を起こさず成功させようと、仲間が心を一つにして取り組んできた。それだけに無事に完結できた喜びはとても大きかった。もちろん、多くの人の支えがあったればこそである。私には実の息子が二人いるが、この難事業をともに成し遂げた若者たちとも親子の契りを交わし、今でも親交を続けている。

(二)絆の桜植樹祭

二〇一一年には世間の注目を集めた「黒潮泳断チャレンジ」によって、日本人の感謝の気持ちを台湾へ届けることができた。しかし、一回限りの打ち上げ花火のようなものでは、いずれみんなの記憶から消えてしまう。謝謝台湾プロジェクトはこれからも続けていかなければいけない。私にはそんな思いが強かった。

私は、中央大学の学員仲間と台湾各地に桜を植えてきた経験から、日本人の心を伝える手段として桜が有効であると知っている。そこで、次のプロジェクトには桜の力を借りようと考え、日台友好の最もシンボリックな場所として知られる烏山頭《うさんとう》ダム近辺に桜を植えることを企画した。

烏山頭ダムは日本統治下の一九三一年(昭和六年)、台湾総督府の土木技師だった八田與一氏の指導の下に十年がかりで完成した東洋一の多目的ダムである。このダムができたことにより、

森喜朗元総理と桜の植樹式へ。右端は頼清徳台南市長(当時)(2012年4月)

不毛といわれていた嘉南《かなん》地方一帯が肥沃の土地に生まれ変わり、人々の生活が飛躍的に向上した。

八田技師は一九四二年に公務でフィリピンへ向かう途中、乗っていた大洋丸という船がアメリカの潜水艦に撃沈され生涯を閉じたが、台湾の人たちは今でも彼を敬慕し感謝の気持ちを持ち続けている。ダムが見渡せる場所に八田技師の墓地がつくられており、毎年命日の五月八日には大勢が集まって墓前祭が行われている。

東日本大震災によって、日本人と台湾人の心がこれまで以上に強く結ばれるようになった。そこで、この企画は「絆の桜プロジェクト」と呼ぶことにした。

まず、烏山頭ダムを管理している嘉南農田水利会に相談をもちかけた。しかし、水利会だけでなく政府の交通部観光局、台南市も関わるこ

ありがとう台湾—絆の桜植樹式で挨拶する筆者（2012年4月）

とになり、私は三者と協議を進めることになった。桜の植樹にはみんな賛成してくれたものの、実施方法についてはそれぞれの立場で考え方に違いがあり、コンセンサスを得るまでに私は三度も台湾に出かけた。

植樹は二〇一二年四月十四日に実施することに決まった。八田技師は石川県の出身である。私は、八田技師と同郷の森喜朗元総理に植樹式への出席をお願いし、快諾をいただいた。また、記念碑に刻む〝絆の桜〟の文字も揮毫していただくことになった。

植樹式前日の十三日夜、頼清徳《らいせいとく》台南市長（現副総統）主催の前夜祭が催された。

前年、馬英九総統の肝いりで台湾政府が烏山頭ダムの近くに八田與一紀念公園を建設し、八田技師が生活していた官舎を復元した。その復元官舎の前で、二百人近くの人が集まって翌十四日十時から十本の桜の苗木の植樹式を行った。森元総理と頼台南市長のペアで〝絆の桜〟に鍬《くわ》を入れていただいた。記念の石碑も桜の傍らに建立した。さらに、公園から二百メートルほど離れた広場にも、参加者全員で二百本の桜の植樹を行った。

嘉南地方の気候は台北よりもはるかに暑い。翌年、私は桜がうまく根付いているか気になって現地に足を運んだ。心配は的中した。復元官舎の前に植えた十本の桜は問題なかったが、広場に植えた二百本の方は残念なことに六割の百二十本が枯れてしまっていた。やはり日本の桜は暑い所では育ちにくいようだ。

しかしこの反省が、翌年から取り組むことになる「霧社に桜をプロジェクト」へとつながっていく。烏山頭ダム付近に植えた桜が六割も枯れてしまい、悩んでいた私に南投《なんとう》県の霧社《むしゃ》ならば高地で気温が低いので、日本の桜が根付くのではないかと台湾の友人が提案してくれた。霧社は日本統治時代に最大の抗日事件の舞台となった地でもあり、その地に友好の証として日本の桜を贈ることは非常に意義があると私は思った。「霧社に桜をプロジェクト」は、二〇一五年二月一日に霧社での平和友好祭と友好の桜植樹式として結実するが、その詳しい経緯については節をあらためて後述したい。

(三)八田與一の手紙贈呈式

二〇一二年四月、東亜建設工業(株)の専務取締役だった一ノ瀬冨美男氏と都内のホテルで会うことになった。一ノ瀬氏とは旧知の間柄である。彼は八田技師の直筆の手紙を持っているという。話のあらましは次のようなものである。

かつて東亜建設工業で最後に支配人（事実上、会社のトップの職責）を務めた関毅《せきはたす》氏が、八田與一氏と東京帝大土木学科のクラスメイトで親友の間柄だった。八田氏は大学卒業後、土木技師として台湾に派遣され、烏山頭ダムの建設に取り組むことになったが、しばしば技術上のことで関氏に相談していたという。

その関氏が一九三九年（昭和十四年）十一月に亡くなった時、八田技師は関氏の夫人宛に慰めの手紙を二通送ってきた。しかし、今は関氏の夫人も、東亜建設工業で副社長を務めたご子息の弘氏も他界してしまった。それで八田技師の手紙に関して、弘氏の夫人から一ノ瀬さんが相談を受けたという。

その相談とは、「八田技師もすでに故人となってしまったが、台湾では彼の名を知らない人はいないというほど有名な日本人であると聞いている。八田技師の手紙が日本と台湾の友好のためになにか役立つのなら、しかるべきところへ寄贈をしたいのですが」というものである。

その話を聞いた私は、嘉南農田水利会の楊明風《ようめいふう》会長に連絡を取った。仲介の労を台南で日台交流に尽力している日本語の堪能な郭貞慧《かくていけい》さんにお願いした。案の定、水利会からぜひその手紙を欲しいという返事がきた。水利会は手紙を八田與一紀念館資料室に展示したいという。

「八田與一の手紙」贈呈式（台南、水利会にて、2013年5月）

八田家も関家もすでに孫の代になっていて、この両家の付き合いはまったくなくなってしまっているという。私がかねてからの知り合いである八田技師の孫の八田修一さんと関毅さんの孫の関尚子さんにこの話を伝えると、二人とも祖父の交わりが今につながることは大変嬉しいと喜んでくれた。

二〇一三年五月八日、「八田與一の手紙贈呈式」を台南の水利会講堂で行うこととし、八田、関両家の方々にも出席していただくことになった。孫の代の両家にとっては初めての出会いである。私が交互に紹介をしてお引き合わせをした。感動的なシーンであった。

交流協会台北事務所から佐味《さみ》祐介《ゆうすけ》副代表が来賓として出席し、東亜建設工業の関係者数名も出席した。この日は八田技師の命日であり手紙の贈呈式終了後、出席者全員が烏山頭ダムへ移動して墓前祭に臨んだ。

(四)霧社に桜を

先述したが、二〇一二年に烏山頭ダム付近に植えた桜が半数以上枯れてしまい、頭を痛めていた。そんなとき友人から、高地で冬には寒くなる霧社に桜を植えてはどうかという提案を受けた。この提案をしてくれた友人とは、台南での〝絆の桜〟植樹式前夜祭に飛び入り参加してきた台北在住の呉其哲《ごきてつ》さんである。彼は上智大学の卒業生で、台北駅の近くで日本語学校を経営している無類の日本好き台湾人である。

霧社とは、南投県仁愛《じんあい》郷の古くからの地名である。標高千二百〜千三百メートルの山あいの原住民部落で、日本統治時代には染井吉野の桜が咲いていたという。たしかにそれを証明する写真も文献も残っている。

しかし、台湾では霧社といえば「霧社事件」発生の地としてその名を知られている。正直、私には霧社事件に関して、昭和初期に日本人が大勢、原住民によって殺害された事件という程度の知識しかなかった。霧社はなにか山奥のおそろしいところというイメージだったが、呉さんに誘われて出かけることにした。「八田與一の手紙贈呈式」を催す二カ月前の二〇一三年三月十五日のことである。

日清戦争によって割譲された台湾に日本軍が上陸したのが一八九五年五月。それ以来、各所で抗日事件が発生しているが、霧社事件が最大にして最後の抗日事件であった。

私は、台北から呉さんの運転する車に乗り、体が大きく左右に揺れる急勾配の山道を経て霧社に着いた。

出迎えてくれた張子孝《ちょうしこう》郷長は、私の話を聞いて日本の桜を受け入れることを承諾してくれた。しかし、「まだ事件の後始末がすんでいないではないか」と言い出した。事件とは、もちろん八十年以上も前の霧社事件のことである。桜を植えることができればいい、というだけの思いで私は霧社に行ったのだが、それではすまなくなってしまった。

日本人で霧社事件のことを知っている人は少ない。しかし、台湾では誰もが知っている。ましてや原住民には、忘れようにも忘れられない事件である。

日本人にとっては過去の植民地時代の出来事であって、今さら古傷を表沙汰《おもてざた》にする必要はあるまい、と考える人もいるかもしれない。しかし、知らぬ顔をして歴史の闇《やみ》に葬ってしまってよいのだろうか。原住民の代表である郷長が、事件の後始末がすんでいないと言っているのだから、このままでは日本に対する恨みは、子々孫々未来永劫《えいごう》にわたって伝えられていくのではないだろうか。

今はこれまでになく日台友好ムードが高まっているだけに、原住民にしてみれば、喉《のど》にトゲが刺さったままの状態は割り切れないわだかまりになっているのだろう。私はそのように受け取った。どんなことをしたら、後始末がすんだことになるのだろうか。国交が断絶状態にある現在、政府が前面に出る公的な行事を催すことなどできるはずがない。私は悩んだ。

長時間に及ぶ郷長との話し合いの結果、結論が出た。公共団体である仁愛郷（県の下の地方自治体）公所と民間の日台スポーツ・文化推進協会の共催で平和友好祭を開催しようということになった。まさに「恩讐《おんしゅう》を超えて友好を」である。私はこの企画を「霧社に桜をプロジェクト」とすることにした。

だが、その年の五月に郷長は張子孝氏から孔文博《こうぶんはく》氏へと交代した。この両氏は政治スタンスを異にした。どこでも党派が異なる政権交代の場合、前任者がやろうとしていたことを引き継がないケースが起こりうる。そんなことがあると、せっかくこれまで進めてきた話が水の泡になってしまう。

そこで私は、尊敬し親しくさせていただいている廖了以《りょうりょうい》（一九四七〜）氏に相談をもちかけた。廖氏は内政部長（大臣）、国民党秘書長（幹事長）、総統府秘書長を歴任した実力者である。ちなみにお母様は石川県金沢市生まれの日本人で、お父様は早稲田大学ラグビー部の選手だったということもあり、森元総理とも昵懇《じっこん》の仲である。廖氏は私の願いを聞き入れ、根回しをして心配事を解消してくださった。おかげで孔郷長とも初めから親しい関係ができ、準備も前へ進むようになった。

桜の種類だが、昔は霧社に染井吉野が咲いていたことは事実であるにしても、染井吉野はなかなか繊細な性質の桜である。環境の変化に対しても耐えうる強い品種はないものかと、日華友好会の町田事務局長から専門家に頼んで調べてもらった。染井吉野によく似ていて、病気にかかりにくい神代曙《じんだいあけぼの》という桜を探してくれた。それを台湾に送り、防疫上の手続きや仮植えの手配を呉氏に依頼した。

二〇一五年二月一日に、「霧社に桜を」平和友好祭と桜植樹式を開催した。会場は霧社事件の現場から百五十メートルほど離れた広場で、そこに立派な特設ステージがつくられ、暑い日差しを避けるための大きなテントも張られた。折しも会場一帯を深紅色の満開の山桜が覆うように飾ってくれていた。

この式典には日本側は二百五十名、台湾側も原住民を中心にほぼ同数、総勢約五百名が参加した。霧社事件の概要と「霧社に桜を」プロジェクトについては、二〇一五年三月発行の交流協会機関誌『交流』に私の拙文が掲載されている。これまでの記述と重複する部分があると思うが、ほぼ全文をここに転載することにする。

霧社に桜を

日台スポーツ・文化推進協会は、台南・南投県仁愛郷（霧社）公所と共催で、二月一日〝霧社に桜を〟プロジェクトを実施した。このプロジェクトは、台湾が日本の植民地であった一九三〇（昭和五）年に霧社事件と呼ばれる抗日暴動が起こった霧社に、和平と友好の証として日本の桜を贈り、文化交流を通じて相互理解を進展させようというものである。

同協会は二〇〇五年に設立され、各種文化交流に携わってきたが、特に二〇一一年の東日本大震災後、「謝謝台湾」をスローガンに同年の「黒潮泳断チャレンジ」、二〇一二年「絆の桜植樹祭」（八田與一記念公園）、二〇一三年「八田與一の手紙贈呈式」（台南）などを実施してきた。

今回のプロジェクトも「謝謝台湾」活動の一環ではあるが、霧社において行ったことには次のような理由がある。

二〇一二年に八田與一技師と同郷（石川県）の森喜朗元総理にご同席いただき、烏山頭ダム近くの八田與一紀念公園に植えた桜が、一年後には活着率四〇％という結果になってしまった。当初、公園やダムの周辺に毎年植え続ける予定をしていたのだが、嘉南地方の暑い気候は残念ながら日本の桜には不向きだったようである。

次の計画を思案しているところに、台湾の友人から霧社に行ったことがあるかとの電話をもらった。私は日台交流に携わってほぼ半世紀、訪台歴も二〇〇回以上になるが、霧社には足を踏み入れたことがなかった。霧社事件と呼ばれる悲惨な事件があったということは知っており、霧社に関心がなかったというわけではないが、正直進んで行ってみたいと思うことはなかった。

友人の話によれば、霧社は標高一二〇〇メートルの山岳地で、冬期は寒く、かつて日本時代にはたくさん日本の桜が咲いていたそうだという。一度案内をするから行ってみないか、と誘われて腰を上げた。最初に出向いたのは一昨年（二〇一三年）三月。結局このプロジェクト実施までに七回も出かけたことになる。

ところで霧社事件とは、いったいどんな事件であったのか、もう少し触れてみることにする。繰り返すが、一九三〇（昭和五）年の一〇月二七日台中州能高郡霧社の原住民セデック族マヘボ社の頭目モーナ・ルーダオ率いる若者約三〇〇名が蜂起《ほうき》し、霧社公学校で開催中の運動会会場を襲撃して日本人一三七名を殺害した。これに対して日本側は、軍と警察部隊にさらに蜂起に加わらなかった「味方蕃」を動員し鎮圧にあたり、双方合わせて一〇〇〇名近くの死者を出している。簡単にいえば、これが霧社事件である。

原因については諸説あるが、文化の違いから生じた原住民の日本の統治に対する不満の暴発といえるのか。その頃原住民たちには「首狩り」の習慣があった。また病人が出れば呪術によって治癒しようとする生活をしていた。総督府は、彼らの生活改善を目指し、道路の整備、学校や病院などの建設のために使役を課した。こうしたことへの日頃の不満に、巡査が原住民を殴打するという事件が火をつけた。

モーナ・ルーダオの長男が、巡回中の吉村巡査を結婚式に招こうとして手を取ったところ、不潔と感じた巡査がステッキで彼を叩いたといわれている。

昨年刊行された昭和天皇実録に霧社事件に関する天皇のご発言が記されている。石塚英蔵《いしづかえいぞう》(一八六六〜一九四二)台湾総督から事件の報告を受け、一九三一年一月一六日牧野伸顕《まきののぶあき》(一八六一〜一九四九)内大臣に「事件は単に一巡査の問題ではなく、そもそも我が国の新領土の人民に対する統治官憲の態度は甚だしく侮蔑《ぶべつ》的、圧迫的であるように思われ、統治上の根本問題であると考えられる」と語られたと。

昭和五、六年といえば、日本でも公開され話題になった映画『KANO』と同じ年代である。地図を見れば山をいくつか隔てるが、この映画は霧社から距離的にそんなに遠くない嘉義《かぎ》での話である。日本人の近藤兵太郎という先生に指導された嘉義農林学校の野球チームが台湾代表となり、甲子園に出場して準優勝をした時のことを描いたものである。このチームの特徴は、日本人、原住民、台湾人(漢人)の混成であった。烏山頭ダムが完成したのは昭和六年である。一方で日本人と原住民が殺し合い、他方では一緒に歓喜に湧いている。俯瞰《ふかん》するとこの時期の台湾社会は複雑な様相を呈していたわけである。

この事件からすでに八〇年以上が経過しているが、原住民たちは日本、日本人に対しどのような感情を抱いているのか。私は霧社に入って先ず何人かに率直に尋ねてみた。「歴史を忘れることはできない。でも日本人と和解をして、将来に向けた友好関係を築いていくことは必要である」。これがほぼ共通した答えだった。

和解とは、表現を変えれば仲直りということである。原住民にとってみれば、八〇年以上も経っているのに未だ仲直りがなされていないということなのか。私は複雑な心境になった。しかし同時に日本人と仲良くしていきたいという気持ちがあることがわかり、願ってもないことであると嬉しく受け止めることができた。

そして和平と友好の証に日本の桜を贈ってくれないかという話になった。それが過去に涙した多くの悲しみを癒やし、友好のきっかけになるならば是非とも実行するべきではなかろうかと思った。

霧社では深紅色の山桜や霧社桜と呼ばれる白い桜が咲く。その中に日本の桜が仲間入りして春には競艶《きょうえん》する。そんな風景をイメージして胸をときめかせた。この一帯が桜の名所となり、多くの人々、特に日本人も訪れる意義ある観光地として発展すれば、霧社の人たちも喜んでくれるのではないか。「黒潮泳断チャレンジ」以来の若手リーダー鈴木一也君をはじめとするボランティアメンバーに働きかけ、日台スポーツ・文化推進協会に〝霧社に桜を〟実行委員会を設け、早速桜を送る準備に取りかかった。

公益財団法人交流協会、台北駐日経済文化代表処の後援、台湾交通部観光局の協力さらに廖了以先生、海部俊樹、森喜朗両元総理、小泉進次郎代議士をはじめ、学者、文化人など各界のご理解を得て応援団を組織した。仁愛郷公所すなわち霧社の役場からは、正式に我々の実行委員会と共催で式典を実施しようという話が出た。もちろん当方に異論などあるわけがない。こうして現地でのこのプロジェクトは公式行事として行われることとなった。

これまで台湾の各地に桜を植えてきた経験上、染井吉野を台湾で咲かせるのは難しいことだと知っている。しかし日本の桜といえば、なんといっても染井吉野である。この桜は、年間に二〇日以上寒い日がないと咲かないと聞くし、枝が鳥の巣のようにくしゃくしゃと丸くからみあうようなテングス病とかに罹りやすいという。寒さという条件に関しては霧社は問題ないが、専門家のアドバイスを受け、花が染井吉野に似ていて病気にも強いとされる神代曙という品種を四〇〇本、それに台湾には一本もないといわれる枝垂《しだ》れ桜一〇〇本を贈ることにした。日本で検疫を受け、さらに台湾でも仮植えをして一年間の検疫を受ける。しかる後に目的地に移植できるという手続きが必要なのである。イベント実施日を現地と相談の上二月一日と決め、その前に最終検疫が終了するよう前年の一月に苗木計五〇〇本を出荷した。

霧社で友好行事を催すとなれば、なるべく多くの日本人に参加してもらいたいと思い、「恩讐を超えて友好を」という呼びかけで広く募集を始めた。仁愛郷公所の担当者とも協議を重ね、イベントの正式名称は、～恩讐を越えて友好を～〝霧社に桜を〟平和友好祭と決定した。桜の贈呈、植樹だけではなく、相互理解に少しでも役立つようにと文化交流も行うことにした。

準備もほぼ順調に進んでいた昨年の一一月二九日、台湾では地方自治体の選挙が行われ、仁愛郷長がそれまでの郷長とは反対派の人に交代することになった。私は、前郷長の下で進めてきたこの企画が激しい選挙戦を経て当選した新郷長に素直に引き継がれるかどうか不安を抱いた。最終打ち合わせのために霧社に訪れた一二月一九日の夜、嬉しいことがあった。一二月二五日に新郷長の就任式を迎える孔文博氏が、家族との夕食会に私を招待してくれたのだ。

初対面にもかかわらず、孔氏はにこやかに私を迎え、夫人をはじめ家族一人ひとりを紹介し歓待してくれた。是非〝霧社に桜を〟プロジェクトを力を合わせて成功させようと私の手を固く握りしめてくれた。孔文博氏は、ご実兄の孔文吉《こうぶんきち》立法委員の秘書を務めていたという。堂々たる体軀《たいく》に柔和な表情を浮かべたいかにも包容力がある人物という印象である。宴の最中、抗日英雄とされる霧社事件の首謀者モーナ・ルーダオのひ孫に当たるヨン・パーワン夫妻を呼んで引き合わせてくれた。案ずるより産むが易し、すべてはうまくいくと確信を持つことができた。

このプロジェクトに参加したいという人の数も日に日に増えて、日本全国から約二〇〇名、在台日本人約五〇名と予想を上回り、私の責任も一段と重く感じられるようになった。せっかく霧社まで行っていただくのだから参加者全員に霧社事件について一定の知識を身につけてほしいと考えた。そこで霧社事件の研究者としては第一人者である早稲田大学台湾研究所の春山《はるやま》明哲《めいてつ》氏と台湾に関する著作を何冊か出版している友人のノンフィクション作家の門田《かどた》隆将《りゅうしょう》（一九五八〜）氏に現地での講演をお願いすることにした。

門田氏には私が企画するさまざまな台湾でのイベントにも身銭を切って積極的に参加をしていただいている。

一月三一日。「恩讐を超えて友好を」としてスタートしたこのプロジェクトである。私は、事件に関係したすべての人々の霊を慰めることから始めたいと思い、メンバーと連れだって数カ所を巡礼することにした。最初はモーナ・ルダーオをはじめとする「抗日英雄」とされる人たちの墓。そして日本人一三七名が殺害された旧公学校校庭（現在は台湾電力用地）、次いで七十数体の遺骨が埋まっている日本人墓地の跡地、さらに事件の最中日本人を救助したセディック族の老頭目ワリスブニの墓に行き、献花をし、黙禱《もくとう》を捧《ささ》げた。途中会場へ立ち寄ってみると、何組かの母子たちが会場の周囲を飾るため、桜の花びらを模した紙を糸に括り付ける作業を一生懸命やっていた。その様子を見ていて胸が熱くなった。原住民の人たちも私たちと同様、明日のイベントに思いを馳《は》せているのだろうと。

原住民でありながら日本の警察に登用された二人のセディック族がいた。彼らは事件発生によって日本人と自分たちの部族との間で板挟みになり、苦しみ抜いた挙句、一人は割腹自殺、もう一人は首を吊って亡くなった。兄弟ではないが同じ花岡姓である。つらいことにこの二人の家族たちも同じ場所で後を追って亡くなったという。その場所というのは霧社の集落からかなり奥まった、その後花岡山と呼ばれるようになった小高い山である。今ではこの二つの家族が眠っている花岡山を知っている人は霧社にもほとんどいないそうだ。

日没少し前、私たちは役場の人にお願いして花岡山にお参りに行くことにした。まず集落のはずれに近い一軒に八〇歳を過ぎたお婆さんを訪ねた。その方は花岡一郎の親戚だという。彼女は人里離れたその山と谷一つ隔てた所に案内してくれた。そこで、お婆さんはセディック族の言葉で、花岡山に向かって、私の手を取り「日本人がお墓参りに来てくれましたよ」と呼びかけた。さらに美しい澄んだ声で歌をうたった。まるで映画のような実に感動的なシーンで、思わず涙があふれた。

花岡一郎、次郎そして彼らの家族たちの当時の心境を想像し、私も思い余って山に向かって大声で叫んだ。「霧社の人たちと仲良く付き合っていくために、日本の桜を届けに来ました。皆さんが尊い命を亡くして八五年が経とうとしています。どんなにかつらい思いをしてこられたことでしょう。どうか安らかに眠ってください」

山岳地帯の霧社の夕暮れは早く、明日の好天を占うかのような美しい夕焼けも、あっという間に闇に包まれる。六時半頃、東京、名古屋、大阪からの参加者一行が、霧社にある廬山《ろざん》温泉のホテルに到着した。それぞれのグループが、早朝日本を出発し、台北から台中までは新幹線、さらにバスを乗り継いで埔里《ほり》経由霧社へという行程である。

霧社の入り口ともいうべき「人止めの関」からは急勾配のうねった山道が続く。女性や高齢者の中には気分が悪くなる人も出るのではないか心配していたが、杞憂《きゆう》に終わった。最高齢は八六歳で、八〇歳以上の参加者が七名。全員が大丈夫と笑顔で応えてくれた。

一息ついて夕食会と二人の講師による研修会を開催し、その後は各々温泉を楽しんで旅の疲れを癒した。

二月一日、本番の日。

会場は二カ所に設営されている。一つは、かつて事件のあった旧公学校校庭の跡地で、現在は台湾電力の用地となっている広場。もう一カ所は、道路を挟んで坂下の隣地である。こちらがメイン会場で、早朝から立派な仮設ステージと会場を覆うテントが張られ、椅子が五〇〇脚用意されている。ステージ上には音響装置一式がセッティングされ、一〇時の開会を待つばかりに準備は完了。朝から快晴に恵まれ、山あいの空気は実に美味しい。しかも会場の周りを山桜が取り巻くように満開に彩り、言うことなしの状況。

　孔文博郷長は九時前から会場に出向き、手伝いの人たちに声をかけている。日曜の休日を返上して働いてくれている公所の人たちだろう。九時過ぎになると原住民の家族や台湾日本人会の人々、そして日本からの一行が次々に来場。テントのわきには山豚を丸焼きする煙が立ちこめ、原住民がついた餅《もち》や白酒が模擬店のように並んでいる。今では貴重な原住民の織物を実演する用意もされている。

　来賓の日本側、交流協会台北事務所沼田幹夫《ぬまたみきお》（一九五〇〜）代表、浜田隆《はまだたかし》総務部長と鈴木康《すずきやす》弘《ひろ》領事、台湾日本人会の荒牧直樹《あらまきなおき》常務理事をはじめ幹部の方々、台湾側、外交部亜東関係協会羅坤燦秘書長、孔文吉立法委員、呉文思《ごぶんし》仁愛郷民代表会主席、南投県陳正昇《ちんせいしょう》副県長と王源鐘《おうげんしょう》観光処長も相次いで到着。

　一〇時、司会者が開会を告げ、東京芸大出身で世界各地を巡礼演奏し続けている西村直記《にしむらなおき》（一九四九〜）氏が自ら作曲した荘重な「霧社の調べ」の演奏でオープニング。現地主催者を代表して孔文博郷長が「日本から贈られた桜は、友好の象徴であるのみならず、仁愛郷にさらなる彩りを添えるものであり、しっかり育てて美しい花を咲かせたい」と挨拶し、日本側への謝意を述べた。次に私が実行委員長として、プロジェクトの主旨、目的さらに将来への夢について触れ、日本にとってかけがえのない友人である台湾の皆様へと「謝謝台湾」「日台友好、永遠なれ」をアピール。来賓である沼田代表からは、このプロジェクトの歴史的意義について評価をいただき、「本日植樹される桜は、これから一〇年、二〇年、五〇年、そして百年とこの霧社で美しく花を咲かせることでしょう」と、また南投県を代表して陳副県長からは「このプロジェクトは歴史を超越した友好であり、感動を覚える。今回の桜植樹によって台日友好はさらに深まり、日本人の観光誘致も進み、仁愛郷の観光発展にもつながるものである」と賛辞をいただいた。

孔立法委員は、父親が昔日本名を田中学といい、廬山地域で日本語教師を務めていたということ、さらに日本に対する感謝の記念として家の側に桜を植えていたということなど日本に対する友好の気持ちを述べられた。

私から郷長へ桜の目録贈呈を行い、次いで全員で歴史を思い起こし、すべての御霊に対し和平と友好の誓いを込めて一分間の黙とうを捧げ、代表者による献花をもって式典を終了した。その後、舞台を旧公学校校庭跡に移し、植樹、写真撮影、全員による献花。再びメイン会場に戻り、地元名物の排骨飯弁当や模擬店に並ぶ霧社のご馳走《ちそう》に舌鼓を打ちながら第二部文化交流へとプログラムは進行した。

女流書道家佐竹燿華《さたけようか》さんによる「桜舞」二文字の書道パフォーマンス、タレントであるソロシンガー鹿谷弥生《しかたにやよい》さんのギターによる弾き語り、西村直記氏の自作「霧の社（やしろ）」の歌唱、鏡味仙志郎《かがみせんしろう》、翁家和助《おきなやわすけ》両氏による大神楽（曲芸）が日本側から披露された。原住民側からは、仁愛小学校生徒によるセディック族の伝統舞踊、喜裂克《きれつこく》文化芸術団による歌と踊りの民俗芸能。どれも素晴らしい芸能文化である。

これらの出し物の合間合間に日本企業から提供された品物やプロカメラマンが撮影した富士山の写真パネル（五枚）、エバー航空の東京・台北間の航空チケット（二枚）等の福引き抽選を行った。最後に大いに盛り上がったのは、霧社の春陽教会の女性たちが披露した東京音頭の踊りである。百年も前に日本教師に教えられ、それを現在まで代々受け継いできているのだという。「踊り踊るなら、ちょいと東京音頭」そのままであるが、霧社事件を経ながらも日本の民謡を踊り続けてきた理由は何だったのか、私には不思議に思えた。原住民の間に入って日本人も一緒に輪をつくって全員で踊り、これがフィナーレとなって三時前にすべてを終了した。

日本人の一団が次々と会場を退出するまで孔郷長をはじめ公所の人たちが手を振って見送ってくれた。私たち実行委員会メンバーも霧社の人たちと別れの挨拶を交わし、後ろ髪を引かれる思いで霧社を後にした。

この日の催しは台湾のテレビ、新聞、日本の新聞でも報道されたが、そのいずれもが好意的な内容で、一つとして批判的なものがなかったのは率直に言って嬉しかった。霧社という歴史的に特別な地域での行事には、台湾で一部「なんで今さら霧社で」という中傷的言動があった

霧社に桜を（2015年2月）

ことを知っている。しかし私には霧社の人たちが和解と友好を望んでいるのに、何もせずに歴史の傷跡に蓋《ふた》をして、そのまま放置していていいとは思えなかった。私たちの協会は、もとより民間団体であり、実行委員長の私とて一民間人に過ぎない。したがって、今回のプロジェクトが成功したからといって、それで果たして霧社と日本との和解が実現したと言えるかどうかわからない。先方がどのように受け止めてくれたのかは、いずれ機会をあらためて聴いてみたいと思う。しかし、なんといっても仁愛郷公所という公的機関が、私たち協会と共催という形をとり、新郷長が積極的に協力してくれたことは事実である。そのことが日本との和平と友好を望んでいる何よりの証であると理解して間違いない。そして霧社の住民たちも、日本に対し、長く閉ざしていた心の扉を開き、友好に向けた関係改善に気持ちを動かしてくれたのではないかと期待している。これで霧社との関係がすべて終わったわけではない。今後どのように付き合っていくべきなのか、課題は残っている。

終わりにこのプロジェクトを後援してくださった公益財団法人交流協会、台北駐日経済文化代表処、また台湾交通部観光局、財団法人台湾武智記念基金会さらに多くの法人、個人の皆様に心から感謝を申し上げる次第です。（転載文以上）

さらに、元総統府資政、亜東関係協会会長の廖了以氏、自由民主党本部事務総長元宿仁氏、中央大学学員日華友好会（長田繁《おさだしげる》会長）の皆様、講演をいただいた門田隆将氏、霧社事件研究の第一人者である春山明哲氏、資金面でお力添えをいただいた経済ジャーナリスト渡邉哲也《わたなべてつや》氏などの方々にも大変お世話になりました。有難うございました。

(五)霧社事件の慰霊碑計画

今後の課題についてである。

霧社には、事件を主導したセディック族の族長モーナ・ルダオと、中心的役割を果たした原住民の若者たちを抗日英雄として祀《まつ》っている墓がある。戦後、日本が台湾から撤収した後、日本の統治政策の影響を排除しようとした国民党が、日本人に対する暴動を起こした彼らを英雄として顕彰したのである。

他方、殺害された日本人の方はどうなったのか。残酷な話ではあるが、殺害された百三十七名のうち、誰のものか判明しない胴体部分が約半数あったという。事件当日の現場で繰り広げられた惨状が想像できる。それらの遺体を集め荼毘《だび》に付し、遺骨は近くに「日本人殉難殉職者之墓」をつくって埋葬された。

私は何度も霧社に足を運んでいるうちに、日本人が引き揚げた後、何者かによってその墓が跡形もなくつぶされ、跡地の上に建物がつくられている事実を知った。私は犠牲者の遺族でも関係者でもないが、平和友好祭を実施して霧社との縁が深くなった者として、日本人犠牲者の墓を修復してもらえないものかと考えた。そうでないと、そこに眠っている日本人の霊は浮かばれないではないか。

孔郷長をはじめ何人かの原住民の人たちにも意向を聞いてみた。異論を唱える人はいなかった。しかし、交流協会にも当たってみると、墓の修復実現にはかなり高いハードルが存在することを知らされた。仁愛郷だけの問題ではなく、南投県、中央政府にも関係し、最終的には政治判断が必要とされる奥の深い問題なのである。

それでも孔郷長と話している中で、具体的に実現可能な案が浮上してきた。墓の件は先々の課題として、まず犠牲者の慰霊碑を建ててはどうかというものである。だが、日本人の墓に代わる慰霊碑ということになれば、片手落ちというか配慮に欠けるかもしれない。ならば日本人だけでなく、原住民も含めたすべての犠牲者のための慰霊碑にしようということになった。

慰霊碑の設置場所は、墓地跡から十メートルも離れていない山桜が数本植わっている公有地にしよう。しかし、慰霊碑も含めて周辺のデザインをどのようにするのか、費用はどのくらいかかるのかなど、検討事項は多岐にわたった。

慰霊碑建立の話がまとまりかけた時、残念なことに孔郷長が失脚してしまった。どうも選挙違反が命取りになったようだ。霧社の政争は激しい。

次に選ばれた郷長は江子信《こうししん》氏であるが、私はそれまで一面識もなかった。あらためて慰霊碑について最初から説明し直すことになった。なんとか理解を得て、既定方針どおりレールに乗せることができたのも束の間、江氏もまた郷長の座を去ることになってしまった。だが、何度も霧社に出かけ、ここまで取り組んできたものを断念するわけにはいかない。

江氏の次の郷長には呉文忠《ごぶんちゅう》氏が選ばれた。呉郷長は二〇一五年二月に開催した平和友好祭に原住民の代表者の一人として出席しており、慰霊碑建立には理解が早く、賛成をしてくれた。

しかし、仁愛郷公所の年間予算は乏しい。用地は提供できると思うが、慰霊碑建立に伴う費用は日本側で負担してくれないかという話になった。そのことで議論していたら、いつ実現するかわからないので、条件を呑むことにした。なんとか早く慰霊碑を完成させたいという思いからである。

私は慰霊碑建立の準備を進めた。南投県内の福栄造景という会社で、慰霊碑に恰好の石材を見つけた。この会社は石材業のほかに造園業も営んでおり、慰霊碑の話を聞いて邱慶安社長は、碑の周りに植える桜を十本ほど寄贈しようと約束してくれた。

永久に残るであろう石に刻む碑文には、神経を使った。将来のことも考え、若い世代の考え方も参考にしたいと思い、息子の大《だい》とも意見交換をした。そして「永劫の友好を全ての犠牲者に捧ぐ」、中国語では「將来永遠的友好獻給所有的犧牲者」という未来志向の文言にした。呉郷長をはじめ仁愛郷公所の幹部たちも賛成してくれた。

二〇二〇年三月八日を除幕式の日と決め、二月五日に上田功《うえだいさお》氏とともに霧社へ出かけた。上田氏は台北に住んで三十年以上になり、イベント会社を経営していて、言葉にはまったく不自由はなく、霧社にも何回も同行してサポートしてもらっている。

除幕式典のプログラム、慰霊碑の設置場所、道路付け、桜の植樹場所などを呉郷長も交えて最終確認を行った。ここまで漕ぎ付ければ一安心、それにしても慰霊碑建立の話が出てからずいぶん時間がかかったものだ、と思いながら東京に戻ってきた。

だが、その頃すでに新型コロナウイルスが台湾でも発生していた。二月五日に埔里まで私を迎えにきてくれた公所のドライバーさんが、車に乗る前に手を消毒してくれた。台北のホテルや飲食店では衛生管理がかなり徹底していたが、山奥の霧社でもそこまで気を使っているのか、と驚きと同時に感心させられた。台湾のコロナウイルス対策は世界の模範といわれ、それだけの成果を挙げているが、今思えば得心がいく。

コロナ禍は日本にも及び、日を追うごとに罹患者の数が増してきている。これでは三月八日に予定していた除幕式は開催不能であろう。参加希望者とも相談の結果、しばらくは時期を見合わせることになった。

三月に入ってから、台北の上田氏から電話がかかってきた。呉郷長がまたしても失脚したというのだ。二度あることは三度あるというが、これが現実なのだ。慰霊碑の話が始まってから五年が経つが、その間に郷長が三人失脚したのである。

呉郷長のあとは、どういう人が選ばれるのか皆目見当がつかない。当面は南投県から臨時の郷長が派遣されてきているらしい。コロナ騒ぎがおさまったら、またこれまでの経緯を説明に霧社へ行かなければならないと考えている。それでも私としては、ここまで話をつないでくれた三人の郷長に感謝している。

二〇一一年から続けてきた謝謝台湾プロジェクトも、霧社の慰霊碑問題で足踏みをしている。相手があることなので、それも仕方がない。またコロナ問題は、如何ともし難い。しかし、いずれは、計画したことはやり遂げなければならないと肝に銘じている。

コラム　張群さんの墓参

台湾との断交直前、椎名特使受け入れのお願いに訪ねた私をやさしく迎えてくれた張群資政のことが、その後もずっと気になって仕方なかった。

田中総理の決断で日中国交を実現し、日華断交を招いてしまった。もちろん私のせいではないが、なにか張群さんに対し申し訳ないという気持ちがあって、それをいつまでも払拭《ふっしょく》できないでいた。前に述べたが、断交の翌年の春節に訪台し、張群さんの自宅を訪ねたが、体調を崩し入院しているとのことでお会いできなかった。

張群さんは一九九〇年十二月に百二歳で亡くなられた。私はせめてお墓参りをさせていただきたいと思い、台湾の友人たちにお墓の所在地を探してもらったのだが、なかなかわからなかった。

二〇一六年十二月に友人の尽力のお陰で張群さんのお孫さん二人に会うことができた。国立台湾大学化学系で教鞭《きょうべん》をとっている学者の張啟光《ちょうけいこう》氏と実業家の張啟明《ちょうけいめい》氏で、二人とも張群さんを彷彿《ほうふつ》させる柔和な面持ちの紳士である。

この二人に案内されて陽明山の奥にある第一公墓の墓前にお参りに行くことができた。お墓は見晴らしのいい丘にあったが、周囲の立派なお墓に比べるときわめて地味な目立たないものであった。

張群さんは、かつて行政院長（総理）も務め、長年総統府秘書長として蔣介石総統を支え、一九五七年には国賓として来日し、勲一等旭日大綬章を受けたほどの大人物である。その人のお墓にしては実に簡素であるというのが私の感想であった。

しかし、これはむしろ権力の中枢にありながら、常に謙虚であった張群さんのお人柄にふさわしいとも思えた。おそらくご本人の遺言によるものか、あるいはその意を汲んだご遺族や側近の人たちによってつくられたものではないだろうか。

私は墓前に花を手向け、往時を想い出しながら、しばらく手を合わせた。なにか心の中に長く存在していた蟠《わだかま》りが溶けていくような清々しい気分になった。待ちに待ったこの日まで四十四年の歳月が流れていた。

ちなみに張群さんのご子息は交通部長（大臣）や中央銀行総裁も務めた張継正《ちょうけいせい》（一九一八〜二〇一五）さんであるが、私はお会いしたことはなかった。

おわりにあたり

米中対立激化の狭間で

戦後七十六年が経った。台湾にしてみれば、日本の統治から解放されて七十六年経ったということである。

台湾の人たちにも多くの犠牲をもたらし、傷跡を残して、大東亜戦争は終結し、台湾は中華民国に返還されることとなった。台湾の人たちは、五十年間日本の統治下で教育も言葉も名前までも、日本式に変えて日本人として過ごした。「さあ、これから我々は中国人に戻るのだ」と思ってもにわかに意識の切り替えができるものではなかったであろう。誰もが、大きな戸惑いの中で暮らしていたに違いない。

中華民国は、終戦を迎えた八月のうちに台湾省行政長官として陳儀《ちんぎ》（一八八三～一九五〇）氏を任命し、十月には台北に赴任させた。日本が清国から台湾を割譲したことによる異民族統治ではない、同族の統治者に対するある種の期待が台湾人たちの中にはあったはずである。

しかし、一九四七年二月二十八日、闇タバコを売っていた寡婦が取り締まりを受けた際、官吏から虐待されたことに端を発し、台湾の民衆が反乱を起こした。この鎮圧のために警官に加えて軍隊まで出動し、台湾全島まで拡がる大騒乱に発展して、ついには推定一万人以上の台湾人が殺害されるという事件が起こった。台湾では誰一人として知らない人はいない、有名な二・二八事件である。

この事件は、長い間中華民国の台湾統治上の汚点として、話題にすることがタブーとされてきた。しかし国民党政権下の一九八九年、今や世界的に知られる映画監督・侯孝賢《こうこうけん》氏が、正面からこの二・二八事件を見据え、背景に展開される人間模様を描いた「悲情城市」という作品を制作し、世界に発表したのである。もちろん映画作品として優れていたためではあるが、世界各国から絶賛され、いくつもの国際的な賞を獲得した。私も東京でこの映画を観て、あの二・二八事件をあまりにもリアルに捉えて撮影していることに大変驚いた。

台湾に進駐した国府軍と台湾住民との間に生じた悲惨な事件であるにもかかわらず、それを少しも隠そうとせずに映画化した。自国の暗い歴史の一場面をよくも外国にまで送り出したものだという更なる驚きもあった。なぜならば私の知っていたかつての国民党政府は、思想統制も厳重であり、検閲も徹底していて、とても軍の残虐行為を外国にまで詳《つまび》らかにするとは考えられなかったからである。映画を観終わった時、台湾は変わったなあ、という認識を強くした。

前にも触れたが、台湾では一九四五年の終戦を挟んで、それ以後大陸から移住してきた人を外省人と呼び以前から台湾に居住していた人を本省人と呼んでいた。国民党政府の統治が始まって以来、少数の外省人が台湾の政治、行政、経済等各分野をリードすることになった。外省人、本省人の間に、次第に支配する者とされる者という意識の隔りが醸成された。日常生活においても、双方ともになるべく付き合いをしないようにという気持ちが生じ、子供たちにもそれを強いる。結婚はおろか、恋愛も許されない。こんな時期がしばらく続いたことは事実である。私が何回も台湾を訪れているうちに、特に本省人の側からよくそうした実態を聞かされたものである。

いかに有能な人材であっても、なかなか要職には登用されない。いくら頑張って働いても多額の税金を徴収されるだけ。こうしたあきらめにも似た気持ちが、台湾の社会に蔓延《まんえん》していた時期があったことは否定できない。

一九七一年十月、中華民国は国連を脱退し、厳しい国際環境に晒《さら》されることとなった。四面楚歌《そか》の中で国家の存立を確たるものにしなければならない。

翌年五月、行政院長に就任した蔣経國氏は、外省人だの本省人だのという意識の隔たりをなくし、台湾に住む者は等しく中華民国の国民であるという共通の意識を持つようになることが、何よりも大事であると考えた。

それを実現する一つの方策として、まず人事を手掛けた。十八ある閣僚ポストのうち、従来は内政部長の椅子だけが本省人に与えられていたのだが、一気に六人の本省人を入閣させたことはすでに記した。

それ以降も国民意識の一本化を目指して、さまざまな努力をし続けた。

「半生以上を台湾で過ごした私も、台湾人の一人である」という彼の晩年の演説には、そうした悲願が込められていたことを如実に物語っている。

外省人本省人という意識は、いまだ完全に消失したとは思えない。これは個々人のルーツに由来する抗いきれない自意識によるものだからである。

ただ近年、台湾に行き多くの友人と会うと、外省人だから、本省人だからという違和感や差別意識は日常生活においてほとんど感じられない。外省人にしても台湾に移り住んで七十年以上が経ち、三世、四世の時代になっている。今や恋愛も結婚も自由である。


政治の世界にも大きな変化が生じた。何よりも象徴的であったのは、一九八八年一月に蔣経國総統死去に伴い本省人である李登輝氏が総統と、伝統ある中国国民党の主席に就いたことである。本省人の数の増大による勢力の逆転現象と見て取れないこともないが、それだけではやはり説明できない。

台湾には、台湾省政府が置かれていた。その省長の選挙が一九九四年十二月に初の民選という形で施行された。これには外省人である宋楚瑜《そうそゆ》（一九四二～）氏が得票率五六・二三％で、次点に約百五十万票もの差をつけて当選した。ちなみに外省人の台湾省長は、二十一年ぶりのことであった。

一九九六年三月の総統選挙には、国民党副主席の立場にありながら党を除名された林洋港《りんようこう》（一九二七～二〇一三）前司法院長と郝柏村《かくはんそん》（一九一九～二〇二〇）前行政院長の二人が、総統・副総統候補としてコンビで立候補した。林氏は本省人であり、郝氏は外省人である。両氏の出馬表明と党副主席の除名処分は、李登輝総統との権力闘争の結果によるものと言われているが、いずれにしても、この組み合わせの物語るところが興味深い。

そして一九八六年に民主進歩党（民進党）が誕生し、国民党一党時代に終止符が打たれた。国民党の支持基盤の多くが外省人であるのに対し、民進党は本省人の支持を集めて結成された。

李登輝時代のあと、二〇〇〇年には民進党の陳水扁《ちんすいへん》（一九五〇〜）氏が総統に選ばれ、その後、国民党の馬英九政権が八年間続き、二〇一六年から民進党の蔡英文《さいえいぶん》総統の時代となり、二〇二〇年から二期目に入っている。

国民党対民進党の構図を大まかに言えば、外省人対本省人の対立と見ることができる。この対立の根本的な相違点は、中国との距離感にあると思う。

国民党には蔣介石時代に強調された「中国は一つ」という党是が今なお生き残っている。ただし蔣介石総統のいう中国とは、あくまでも「自由中国」であり、「共産中国」と一つになるという意味ではない。現在の国民党の中には統一は不可としながらも、中国との距離を近づけたいという考えが存在している。外省人の中には、先祖の墳墓の地への一種の郷愁があることも否定できない。

一方、民進党には、将来にわたって大陸と一つの国家に統一したいなどという考えはなく、できれば台湾という一つの国家として独立したいという考え方が強い。台湾は、台湾本島、金門・馬祖島、澎湖島などを中華民国として実効支配してきており、既に独立しているではないか。あえて独立を宣言する必要はないだろうと私は以前からいっている。ただ、近年は民進党支持者の中にも中国大陸に投資をしたり、経済交流を密にしたりしている人が少なくない。したがって蔡総統にも、台中関係すなわち両岸関係が険悪にならないようにとの配慮がある。

しかし、蔡総統は、二〇一九年一月に中国の習近平《しゅうきんぺい》国家主席が台湾との一国二制度に言及したことに対して強い対抗姿勢を示し、さらに五月の二期目の総統就任式でも拒否の態度を明確にした。台湾の人々は一国二制度下の香港における現況を目の当たりにし、「今日の香港、明日の台湾」という認識が高まり、それが二〇二〇年一月の総統選での勝利につながったのである。

国民党一党時代に始まり、私は半世紀以上、台湾との交流を続けてきた。経済の目覚ましい発展ばかりでなく、この間の政治の民主化は素晴らしい。

振り返ってみると、国民党（蔣経國、李登輝）から民進党（陳水扁）、さらに国民党（馬英九）から民進党（蔡英文）へと政権交代を繰り返しながら、民主主義を成熟させてきた。政権交代もその時代の民意の反映にほかならない。

国際的に四面楚歌状態に置かれた一九七一年、七二年当時の台湾は、将来本当に存立しうるのだろうかとさえ思われた。今日の目覚ましい発展を見るにつけ、昔の台湾を知っている私にとっては、実に感無量である。台湾の人々の逞《たくま》しさがうかがえる。

半世紀を越える交流の中で、私なりの台湾との付き合い方を覚えた。初めの頃は、外省人と本省人のわだかまりがある中で、人付き合いに神経を使うこともあったが、今は無い。

ただ政治の関わりで言えば、民進党と国民党の対立が続いている中で、どちらとどう接したらよいのか頭を痛めることもあった。私が交流を始めた頃は、国民党しか存在しなかった。その後、民進党が誕生して政権を担うようになったり、また国民党に政権が戻ったりが繰り返される時代を経て、国民党だけではなく民進党にも何人もの知り合いができた。

一党に偏った深い付き合いをしていると、政権が代わった時に不都合が生じる場合がある。だから私は、日本人として一党一派に偏することなく、外省人、本省人にもこだわらないよう心がけ、台湾の人たちと広く親しく付き合うための知恵を身につけてきた。

台湾は現在、米中の対立激化に伴い危険な状態に晒されていると思われる。

中国共産党は二〇二〇年、五十年間自由と自治を約束した香港に対し国家安全維持法を成立させ、「一国二制度」の終焉《しゅうえん》をもたらした。まだ五十年のうち二十四年しか経っていない。中国の次なるターゲットは間違いなく台湾である。中国は、台湾との統一は核心的利益であると主張し続けており、実現のためには、武力行使も辞さないとさえいっている。もし武力衝突ともなれば、米軍は台湾を支援することになっている。米国も一九七九年に中国と国交を樹立し、台湾とは断交している。しかし極東の安全を考慮し、地政学的にも重要な位置にあり自由と民主主義の砦《とりで》でもある台湾を擁護するため、同年台湾関係法を成立させた。台湾海峡波高しである。これは日本にとっても対岸の火事ではすまされない。台湾海峡は日本経済の大動脈である。日本外交の基軸は、日米関係にある。日本は米国との間に安全保障条約を結んでいる。中国から見れば台湾を支援した時点で米国は敵国となるため、日米安全保障条約に基き米軍基地が置かれている日本をも敵国と見做す可能性が出てくる。

そうなると日本が積極的に米軍の後方支援をするかしないかに関わらず、中国との対立関係に至るのではないだろうか。最近そんな悪夢をみるのである。

台湾と往来している日本人は中国へは行けない。また中国との関係が深い日本人は台湾には行けない。こんな時代が、かつて長く続いていた。

一九六七年から台湾と交流してきた私が、海部元総理のお伴をして初めて中国・北京へ行ったのが、一九九二年である。その後は折にふれ中国へ出かけ、世界遺産めぐりを楽しんできた。中国にも友人が何人もできた。どこの国とも、台湾とも中国とも仲良くしていきたい。素直な願望である。平和な時はこんな考えも通用する。しかし悪夢が正夢になったら、そうはいかなくなる。個々人の交流では如何ともし難い国家対国家の問題になってくる。

日本、台湾、中国関係の最近の状況をみると（二〇二〇年七月の時点で筆を執っているが）六月九日に中国の戦闘機が、事実上の停戦ラインといわれている台湾海峡の中間線を越えて台湾本島の空域に侵入。これに対し翌日、米軍の戦闘機が中国を牽制《けんせい》するように台湾空域を飛行。この米軍機は沖縄の嘉手納《かでな》基地から飛び立っている。海でも中国の艦船が台湾のみならず尖閣諸島周辺を毎日巡行するなど威圧を続けている。

台湾海峡では米第七艦隊が常時中国の動向を警戒している。与那国島の漁船が中国公船に追尾されるという事件もあった。漁業関係者は安心して漁ができないと嘆いている。

中国にしてみれば尖閣諸島を実効支配し、台湾を支配することにより、太平洋にも出て行きやすいし、南シナ海一帯の制海権を確保したいという意図があるのだろう。

究極の話になるが、交際している二者が対立し、そのどちらかを選択せざるをえない時、何を判断基準にするべきであろうか。具体的には、中国を選ぶのか、台湾を選ぶのかという私にとっての判断基準の問題である。

一つは、価値観を共有できるか。もう一つは、緊密度、信頼度の問題とでもいおうか。

一九六四年、私はベルリンの壁ができて間もない東ベルリン入りを単身で敢行したことがある。命懸けで東から西へ逃亡してきた若者にも会ってその訳を聞かせてもらった。

自由の真価を痛感させられた私が、自民党本部に勤めることになったのは、自由と民主主義を守らなければという強い思いからであった。「われに自由を与えよ、然らずんば死を」、米国の政治家パトリック・ヘンリー（一七三六～一七九九）の演説の一節である。日本では、自由であることが当たり前になっているが、自由とは生命を賭けるに値する尊いものであることを忘れてはならない。

台湾では、民主主義が成熟し人々の政治意識は高く、政治批判ですら自由である。私にとって自由と民主主義という思想は、絶対に譲ることのできない価値観であり、その点で台湾の社会理念と同一である。

中国における自由と民主主義については、あえて触れるまでもないであろう。

私にとっての緊密度、信頼度を問われれば、台湾との関係の方が圧倒的に深いと断言する。なんといっても半世紀以上の交流によって培われた友好の実である。

近年、台湾が好きだという日本人が急増していることは嬉しい。台湾では世界でいちばん好きな国は日本という人が断然多い。

二〇一一年の東日本大震災のあと、二百五十億円以上という世界で突出した高額の義援金を届けてくれたのが台湾の人たちである。私は仲間とともにこれまで記したような〝謝謝台湾〟プロジェクトを実施してきた。

台湾の人たちにお礼を言うたびに「困っている時は、助け合うのが台湾と日本ではないか」と言われる。ＳＡＲＳの時、集集大地震の時もたしかにそうである。

これは私個人だけの親密、信頼という問題ではない。多くの国民が互いに強い友好の絆で結ばれている証である。繰り返すが「まさかの時の友は、真の友」なのだ。国境を跨《また》いで交流をすることにより、人種や文化の壁を超えて相互理解が進む。理解が深まれば、誤解も無くなり、おのずと親密感、信頼感が生まれてくる。交流の継続こそが互いを強くつなぐ絆《きずな》になるのだ。

太平洋を挟む二つの大国の間で、信頼と友情で結ばれた小さな二つの島国は、価値観を共有する運命共同体なのであろうと私は思う。

最後に筆を措くに当たり、長年日台関係に関心を持ってこられた皆様、また私の活動を支援して下さった方々に深甚なる謝意を表し、報告をさせていただきます。

外交奨章、外務大臣表彰を授与される

東日本大震災が起こった直前の二〇一一年二月十五日付で中華民国外交部から「外交奨章」を授与されることになった。日本の民間人としては初めてのことだという。

証書には中国語と日本語の二か国語で記載されているが、日本語では次の通りである。

外交表彰状証書

松本彧彦殿は長年にわたって台日の政治、青少年、スポーツ、文化、学術交流を推進し、著

しく貢献をなさったことをもって、外交部専門分野表彰状授与法の規定により、親睦外交の表彰状を授与致します。

外交部長　楊進添

中華民国一〇〇年二月十五日

式典は三月八日に東京の台北駐日経済文化代表処で催され、証書と胸章を馮寄台代表から授与された。海部元総理、今津寛代議士、元宿仁自民党事務総長のご出席をいただいた。誠に光栄なことである。

外務大臣表彰

また二〇一六年七月に、日本の外務大臣表彰を授与されることになった。

外務大臣表彰とは、日本と諸外国との友好発展に顕著な功績のある個人または団体を対象に外務大臣が表彰する制度で、一九八四年から実施されている。

しかし国交のない台湾との関係者については、これまでは対象外となっていた。これまた私が、初めてのことであるという。

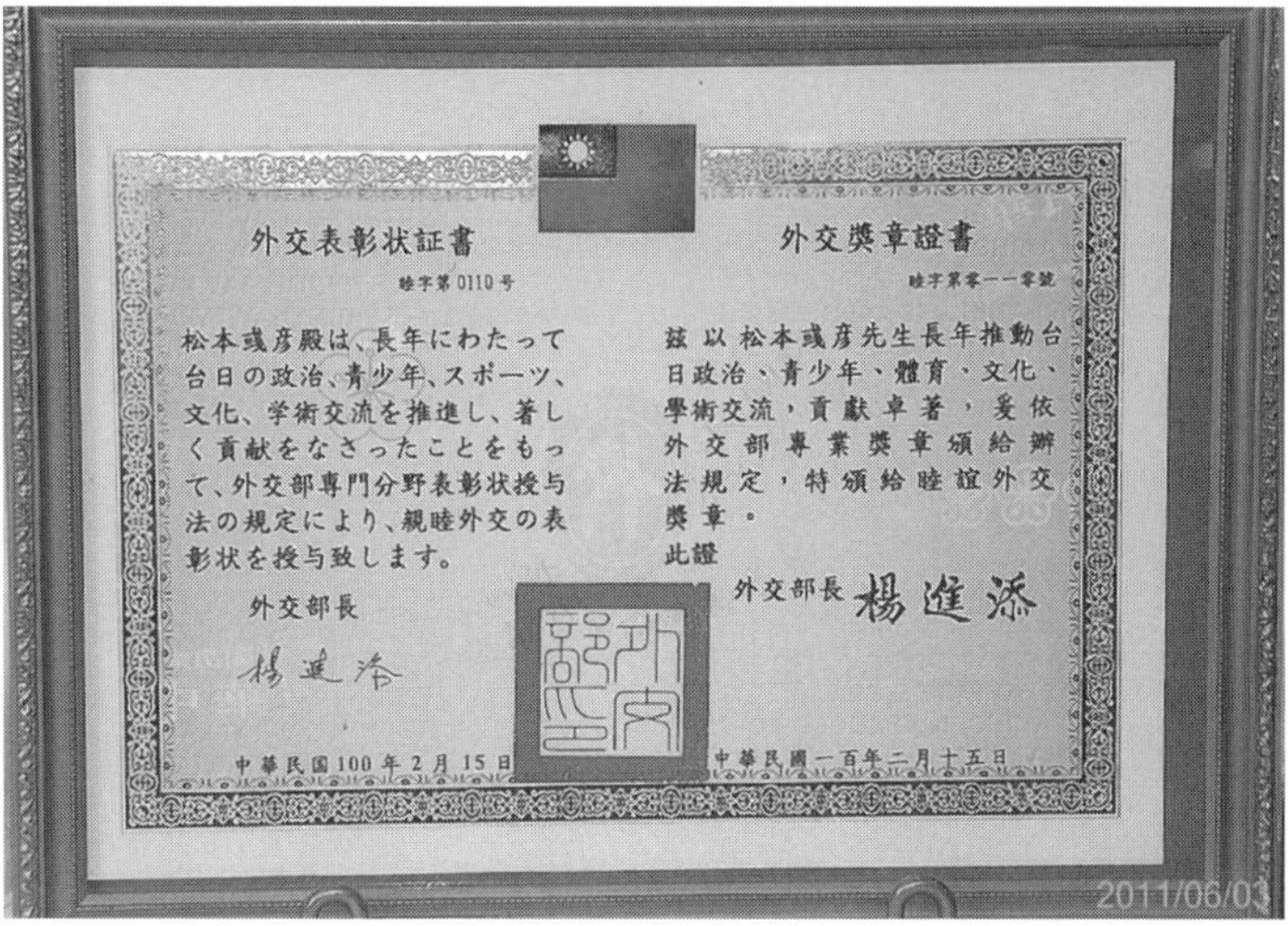

外交表彰状証書（2011年6月）

日台関係では初の外務大臣表彰を授与（2011年2月）。岸田文雄外務大臣

表彰状の文言は、こうである。

貴殿は日本と台湾との相互理解の促進に尽力されもってわが国と諸外国との友好親善に寄与しその功績顕著なものがあります
ここに深甚なる敬意を表するとともに表彰します

平成二十八年七月二十日
外務大臣　岸田文雄

何かといえば中国に気兼ねをして、台湾との関係は表に出さなかった外務省である。なぜこの年に、日台関係の相互理解に功績があったとして私を表彰したのかはわからない。日台関係を正式に外務省が陽の当たる扱いをしてくれたことは、一人、私の喜びだけではないと思う。この意義は誠に大きい。表彰状には、私個人の名前だけが記されている。しかし私の活動を支援してくれた多くの人たちも表彰の対象になっているものとしっかり心に刻んでいる。

日台の友好推進のためには、多くの人たちや団体が活動している。嬉しいことに私の表彰に続き、翌二〇一七年は、一般財団法人台湾協会、台湾研究で著名な早稲田大学政治経済学術院の若林正丈《わかばやしまさひろ》（一九四九〜）教授などが対象となり、その後毎年日台関係の大臣表彰は継続している。

また、この対象には台湾の団体、個人も含まれ、台湾歌壇、台湾俳句会や国家文化芸術基金会の林曼麗《りんまんれい》董事長も表彰を受けている。

日台関係が、政府レベルでも公式に認知された証左といえる。

特別対談　松本彧彦×渡邉哲也

台湾は「近くて遠い国」なのか？

渡邉　日本にとって台湾は「近くて遠い国」と言われてきました。沖縄の西表島《いりおもて》や石垣島は沖縄本島よりも台湾に行く方が距離は近いのに、一九七二年以来、日台は国交を断絶してはや半世紀が経とうとしているからです。もちろん、民間としての交流は続いていて、台湾旅行は最もポピュラーな海外旅行の一つで、若い人など断交していることを知らない人も珍しくない。しかし、台湾から日本を見れば、日清戦争後の併合は日本の敗戦まで続き、一九七二年には日中国交正常化を天秤《てんびん》に一方的に断交を突きつけてきた。「不義理」な国と後ろ指をさされても仕方がない歴史がある。それなのに台湾の人たちはものすごく「親日」的で、東日本大震災では巨額の義援金を送ってくれて、日本

渡邉哲也（わたなべ　てつや）

作家・経済評論家。1969年生まれ。

日本大学法学部経営法学科卒業。貿易会社に勤務した後、独立。複数の企業運営などに携わる。大手掲示板での欧米経済、韓国経済などの評論が話題となり、2009年『本当にヤバイ!欧州経済』（彩図社)を出版、欧州危機を警告しベストセラーになる。内外の経済・政治情勢のリサーチや分析に定評があり、さまざまな政策立案の支援から、雑誌の企画・監修まで幅広く活動を行っている。

中を感動させたことは記憶に新しい。

松本　義援金は約二百五十億円にものぼりました。外交部や地方自治体などの政府機関からだけでなく、慈善団体や機関団体が集めたもの、長栄集団会長・張氏や日本台湾交流協会など直接日本に届けた個人や団体のものもあり、国家を挙げての支援です。台湾の人口は二千四百万人ですから、金額の大きさがわかります。

渡邉　松本彧彦さんの台湾との付き合いは五十年以上で、台湾に行かれたのはもう二百回以上になりますでしょうか？

松本　そうですね、かれこれ二百七〜八十回になるでしょうね。

渡邉　台湾断交の際には、大平正芳外務大臣の要請により、椎名悦三郎特使の受け入れ交渉のため台湾に派遣されています。事務方として非常に重要なポジションにいた。また、断交後も毎月のように台湾に行って日本と台湾との「民間交流」を続けてきたのが松本さんです。いわば日台交流のいちばんの功労者です。本書でも紹介されている台湾に三・一一での支援の感謝を伝えようと、沖縄の与那国島から台湾の蘇澳まで直線で百十キロをスイマー六人がリレーで渡る「謝謝台湾——黒潮泳断チャレンジ」プロジェクトの話は、感動的です。

松本　自分でいうのもなんですが、スイマーの鈴木一也君との出会いがもたらした黒潮泳断チャレンジは、映画にしてもいいくらいのドキュメンタリーだと思っております。

また、このプロジェクトでは渡邉さんの奥さんである木坂麻衣子さんにクラウドファンディングを担当していただき、資金集めにご協力いただきました。麻衣子さんはクラウドファンディングで台湾各紙に震災の謝恩広告を出された経験がおありだった。

渡邉　当時はまだ妻とは結婚していませんでしたが（笑）。しかし酷い話で、震災時には民主党政権だったため、台湾とのパイプが細いのをいいことに、菅直人《かんなおと》政権は台湾への配慮に欠ける対応を行いました。慰霊祭で台湾の代表を一般席に座らせ、世界各国に対して行った謝恩広告を台湾にだけ出さなかったのです。世界一の支援をしてくれた台湾に対して、非常に無礼な対応をとった。それなら民間で謝恩広告を出そうというのが、妻の計画の始まりでした。

揺らぐ本省人と外省人の図式

渡邉　松本さんはその長年の功績が認められ、日本と諸外国との友好発展に顕著な功績のある個人または団体を対象に外務大臣が表彰する「外務大臣表彰」と、中華民国外交部から「外交奨章」を授与されています。とくに外交奨章は日本人では初ですね。

松本　嬉しいことです。

渡邉　日本と台湾は断交後、国と国との付き合いはなくなったものの、「民間交流」という名の下で自民党と国民党による政党間交流が続いていた。とはいえ、台湾の政治も、国民党により戒厳令が敷かれた軍事統制の歴史が一九八七年に解除されるまで続き、いわゆる民主化に向かって動きだした李登輝時代を経て二大政党制となり、初の民進党政権である陳水扁時代を迎えた。そして再び国民党の馬英九時代に戻り、再度民進党が政権を取り、台湾独立に向かって動く現在の蔡英文政権が誕生した。このように変遷し続ける台湾の歴史において、松本さんは目撃者であり、いわば「日台関係秘史」の当事者でもあり、本書はその第一級の史料ともいえる。

したがって、台湾を分析する時に今の一面的な価値観でのみ判断するのではなく、歴史的変遷を踏まえ、当時は当時の価値観や大義があったということを日本人は理解するべきでしょう。

また、反対に日本統治下の価値観で台湾を見ることも間違っています。たとえば「外省人」、「本省人」という図式がそうで、今はだいぶ薄まっている。

ところで、「本省人」とは戦前に大陸から台湾に渡り住んでいた人たちであり、戦後にやってきた国民党の人たちが「外省人」です。

松本　したがって、国民党＝外省人、民進党＝本省人という色分けがされてきましたが、実際は本省人で国民党の要人になった人も少なくありません。私がお付き合いした江丙坤さんもそうですし、廖了以さんもそうです。

そもそも本省人である台湾「民主化の父」と呼ばれた故・李登輝元総統を農政担当の政務委員、日本でいうところの大臣に抜擢《ばってき》したのは、外省人である蔣経國行政院長です。蔣院長はこのとき十八あった閣僚ポストのうち、六人を本省人から抜擢し、李元総統はそのうちの一人だったわけです。

また、海外に亡命していた台湾独立運動の指導者三人が、台湾に帰りたいと要望すれば歓迎しております。

私もインタビューしているのでよくわかるのですが、蔣院長は本省人・外省人という既成概念ではなく、中華民国の国民という統一意識を持たせるための政治的努力を、ものすごくなっていた。もちろん、氏がかつて特務関係の職務についていたことや、国防部長を務めていたことから弾圧された側の本省人は恐れている面もありましたが、その払拭のための努力は並大抵でなかったことも、また事実なんですね。

台湾はすでに「独立国家」

渡邉　ここで読者のために本省人・外省人の歴史、日本敗戦後の台湾の歴史を簡単に解説したいと思います。

周知のように、現在中国を支配しているのは共産党ですが、戦前は弱小政党にすぎず、大陸で大きな勢力を持っていたのは蔣介石の国民党政府＝中華民国だった。したがって、日中戦争の主敵は国民党であり、毛沢東の共産党とは日本軍はほとんど戦っていなかった。それどころか、敗戦後に日本軍の武器を接収して、日中戦争で疲弊していた国民党を破った共産党（国共内戦）が樹立したのが、今の中国である中華人民共和国（一九四九年十月一日）。一方台湾に追われた国民党は、国民党政府（台湾国民政府）を再構築した（同年十二月七日）。つまり、台湾の国民党は親中派と説明されますが、中国共産党こそが主敵であり犬猿の仲といっていい。さすがに今は言わなくなりましたが、国民党が共産中国から大陸を取り戻す「一つの中国」もあったわけです。一九七一年に国連が中華人民共和国を招請し、中華民国を追放するまでは「中国」とは台湾の国民政府のことでした。そのような国民党が単なる親中であるはずがない。ここがよく日本人に誤解されている第一点。

松本　これは本書にも書いたことですけれど、たしかに国民党には蔣介石時代に強調された「中国は一つ」という党是が今なお生き残っています。ただし、蔣介石のいう中国とは、あくまでも「自由中国」であり、「共産中国」と一つになるという意味ではない。現在の国民党の中には統一はありえないが、中国との距離は近づけたいという考えがある。また、外省人の中には、先祖の墳墓の地への一種の郷愁があることも否定できません。

渡邉　とくに中国へ急接近したのが国民党の馬英九政権（二〇〇八～二〇一六）です。二〇一四年に台中接近に危機感を抱いた学生たちが「ひまわり学生運動」を起こし、二〇一六年の選挙で、再び民進党が政権を取り、同時に立法院も民進党が支配する原動力となりました。

松本　民進党には、将来にわたって大陸と一つの国家に統一したい、などという考えはありません。できれば台湾という一つの国家として、独立したいという考え方が強い。私は以前から、台湾は、台湾本島、金門・馬祖島、澎湖島などを中華民国として実効支配してきた歴史があり、すでに事実上「独立国家」であるという見解を持っています。ですからあえて独立を宣言する必要はないだろうと言ってきた。
実は、近年は民進党支持者の中にも中国に投資をしたり、ビジネスを密にしている人が少なくないため、蔡総統にも、中台関係が険悪にならないようにとの配慮があったのです。それが、香港問題を機に対中強硬路線に一転した。そして、それを国民も支持しています。

渡邉　蔡総統は二〇二〇年の総統選挙の際に、ＢＢＣのインタビューに「台湾の自然独立」と発言しましたが、まさにそれですね。問題は、当の台湾自体が「一つ中国」を曖昧《あいまい》にし、明確な独立の意志を国際社会に示してこなかったことです。しかし、これはやむをえないことでもあって、「一つの中国」の解釈を台中のみならず日本とアメリカも曖昧にしてきた経緯があるからです。今いちばんいいのは「一つの中国」が二つあるという解釈です（笑）。

松本　顧みれば、一九七二年の日中国交正常化に向けて自民党の中に「日中国交正常化協議会」というのができた時に、二つの中国を認めていいのではないかという議論がありました。中国との国交回復は世界の潮流になっているからやむをえないとしても、今まで正常に国交を持ってきた中華民国との関係も継続すべきであると。それで「日中国交正常化基本方針」の党議決定でも中華民国との関係は「従来の関係」を継続するとした。中華民国擁護派は「従来の関係」には外交関係も含むものとし、日中推進派は外交関係を除いた部分の関係と解釈できるように、曖昧にしたのです。しかし、結局北京から二者択一を突きつけられ、中国と国交を回復し台湾と断交するに至ったわけです。

渡邉　しかし、それでも日本は台湾を中国の領土であると認めたわけではありませんでした。日中共同声明は「中華人民共和国政府は、台湾が中華人民共和国の領土の不可分の一部であることを重ねて表明する。日本国政府は、この中華人民共和国政府の立場を十分理解し、尊重し、ポツダム宣言第八項に基づく立場を堅持する」とありますが、つまり、「中国が台湾も中国の一部だとするお話は伺いました、お気持ちを尊重します」としているにすぎない。これはアメリカも同様です。

そもそもアメリカは「One-China Policy」と表現し、中国共産党のように決して「One-China principle」と表記してないんですね。つまり「principle（プリンシプル）」は、絶対に曲げられないものですが、「Policy（ポリシー）」なら変えられるという含みを持たせています。

ポンペオ国務長官のニクソン大統領記念図書館で「共産主義の中国と自由世界の未来」と題した演説を読むと、アメリカは「一つの中国が二つある」というロジックに向かっている、つまり台湾を国家承認する方向に向かっていることがわかります。これはトランプ政権の大きな功績でしょう。

後は日本をはじめとした周辺諸国および国際社会がそれを認めるか否かにある、ということなのでしょう。

「二・二八事件」の影響

渡邉　台湾にとっての歴史問題の最たるものが「二・二八事件」です。

実は敗戦後の一九四七年に日本にかわり国民党＝外省人があらたに統治者となった台湾では、当初、本省人は祖国復帰を喜び、外省人を歓迎しました。外省人も本省人ももとは中国大陸からきた人たちだからそれも当然です。しかし外省人の汚職のあまりの酷さ、差別的待遇に反発するようになった。たとえば行政公所の要職は新来の外省人が独占した。その怒りが爆発したのが、一九四七年二月二十八日に本省人の民衆が蜂起《ほうき》した二・二八事件でした。これに国民党政府は徹底的な弾圧を加え、のみならず事件後も本省人の抵抗意識を奪うために、知識階層を中心に数万人を処刑したと言われています。この戒厳令下の「白色テロ」と呼ばれる時代は先に述べたように一九八七年まで続きました。

このように台湾は永らく国民党による一党独裁におかれ、それを日米両国が容認してきた歴史があります。

このため、軍人や公務員＝国民党員＝外省人という構図が固定され、大きな利権となっていた。少数の外省人が政治と経済を支配する構造に反発したのが本省人であり、反国民党としてつくったのが民進党で、かつては過激な民族運動を繰り返した時代もありました。

たしかに外省人と本省人という括りも過去のものとなりつつある半面、外省人利権は強固なものであり、高利率の年金問題など国民党利権に対する国民の反発は根強いものがあった。これが民進党政権誕生の背景としてあり、二〇二〇年の総統選での蔡英文総統の再選と、立法院選挙での民進党による過半数の確保につながります。これを見て私は台湾が非常に変わったなとの印象を持ちました。

松本　二・二八事件は長い間、中華民国の台湾統治上の汚点として話題にすることさえタブーとされてきたものです。検閲も厳重だった。ですから、一九八九年にこの事件が台湾で映画化されたときは驚いたものです。今や世界的に知られる侯孝賢監督による「悲情城市」は世界各国から絶賛され、ヴェネツィア国際映画祭の金賞をはじめとしていくつもの国際的な賞を獲得しました。

もっとも、二・二八は事件が起こってからすでに七十年以上経ち、とくに台北に住む一般の人たちを見ていると歴史が薄れている印象は否めません。もちろん毎年二月二十八日には慰霊祭が執り行われていますが、それくらいで普段あの事件が話題に上ることはほとんどないというのが、私の実感です。あるいは、台湾の中部から下、本省人の多い地区では台北よりは意識されていますが。

同様に、日本統治時代に起こった蕃人《ばんじん》と呼ばれた山地民族による、最大にして最後の抗日事件「霧社事件」も、台北市民たちの関心は低いです。山地民族のことを台北の人たちは「山の人」と呼んでいますが、当の原住民からすれば忘れようとしたって忘れられない事件ですよ。

今生きている人たちのおじいちゃんか、その前の世代の話で、非常に生々しいことを聴かされて育ってきたからです。いかんせん、日台双方で千人以上の犠牲者をだした悲惨な事件でした。

渡邉　松本さんは「霧社に桜をプロジェクト」を企画され、公共団体である仁愛郷公所と、民間の日台スポーツ・文化推進協会の共催で、平和友好祭を開催されました。まさに「恩讐を越えて友好を」の精神ですね。

松本　このプロジェクトでは渡邉さんにもお世話になりました。また、コロナのためいったん話が止まっていますが、霧社事件で殺害された百三十七人の日本人と、台湾側のすべての犠牲者を弔う慰霊碑を、霧社に建てる計画も実現できるよう進めています。

互いの歴史的立場の違いを共有できる日本と台湾

渡邉　松本さんが提唱されていることで非常に重要なのは、蔣介石に対する評価は日台では大きな隔たりのあることです。二・二八事件で弾圧された内省人にとって最高責任者の蔣介石は批判の対象でも、日本人にとって忘れてはならないのは、敗戦後の日本を救ったいわゆる「以徳報怨（徳を以って怨に報いる）」演説です。

松本　正確には「抗戦勝利に当たり、全国軍および世界人民に告ぐ」という布告文のことで、これは終戦の二日前、昭和二十年八月十五日に、中央放送局から全世界に向けて放送されたといわれるものです。

その精神を具現化した対日終戦処理が大別して四つあります。第一に賠償請求権の放棄、第二に天皇制の護持、第三に在留邦人の早期帰還、第四に日本領土の分割統治阻止。詳しくは本書を読んでいただくとして、日本にとって蔣介石が大恩人であることがわかろうと思います。かくいう私も日台友好の原点には、蔣介石への恩義に少しでも報いたいという想いがあります。

台湾がもし蔣介石の国民党ではなく、共産党によって支配されていたとしたら、今日の台湾は存在していないでしょう。

渡邉　もちろん、日本の中でも蔣介石に対する評価は分かれています。蔣介石に否定的評価を下す人も少なくありません。それはともかく、台湾人と付き合ううえで、相手の国の歴史および歴史感情を知ることは、前提条件です。松本さんは蔣介石を非難する台湾人に日本人が同調すれば、「日本人は恩義を知らない民族だ」と内心侮蔑されるだろうと書かれています。

松本　実際、私も多くの台湾人と蔣介石の評価について議論を重ねてきましたが、両国の立場の違いは必ず理解され、友好を阻むものではありませんでした。

渡邉　互いに歴史観を押し付けるのではなくて、相手の立場をそれぞれ理解する、ということなのだと思います。逆にいえば、歴史認識を相手を封じるカードにしている国や勢力とは、相互理解は不可能だということでもある。日台両国が気をつけなければならないのは、慰安婦や徴用工など歴史認識を悪用して国家の分断を図ろうとしているリベラル勢力です。それが二・

二八事件も利用しているという事実です。

世界が台湾を見習いだした

渡邉　二〇二〇年は歴史的な激動の年でしたが、台湾があらためて世界から脚光を浴びた一年でもありました。なんといっても万全なコロナ対策です。しかもコロナ禍において輸出が五カ月連続で前年比を超え、十一月に至っては一二％も伸びています。二〇二〇年は過去最高の輸出額を達成しました。つまり、世界各国が目指す防疫と経済復興の両輪を成し遂げている。

また、台湾を見習うべきところは脱中国もそうです。世界で逸早く企業の国内回帰を進め、それが輸出増につながった。半導体のファウンドリー（受託生産会社）で世界最大手の台湾積体電路製造（ＴＳＭＣ）をはじめとして半導体分野でも高い技術力をみせ、存在感を高めている。加えて香港から逃げてきたカネの受け皿にもなり、好循環が起きています。残念ながら日本とはスピード感がまったく違う。

松本　台湾に最後に行ったのが二〇年の二月で、すでにコロナが世界中に蔓延《まんえん》していた時期ですが、空港に降りた時はさほどでもなかったのが、ホテルにチェックインすると手の消毒とマスク着用を厳しく言われました。飲食店やタクシーでもそうです。それが大都市だけでなく、霧社のような山奥でさえ徹底的に行われて感心したことを覚えています。

渡邉　私も驚いたのは、台湾南部の高雄市のホテルで十四日間隔離されていたフィリピン人が、隔離中にホテルの部屋を八秒間出ただけで罰金三十六万円を台湾当局より命じられています。

また、公共機関や医療施設など人が集まる場所でのマスク着用も義務化され、注意されて従わなかった場合は、約一万九百円から五万四千七百円の過料が科せられる。こんな政策は日本では人権問題と大騒ぎする人たちがいて、絶対に許されないことです。しかし、これくらい厳しくやらないと感染拡大を防ぐことはできません。

台湾当局の厳しい措置とそれに服している台湾の人々を見ていると、ある意味、軍事政権下における戒厳令に耐えた歴史がある強みなのではないかと思います。

共産主義国との闘いは終わらない

松本　たしかにそういう面はあるかもしれませんね。台湾の人たちは存外逞しくて、国際的に四面楚歌状態に置かれた一九七一年、七二年当時の台湾は、間違いなく存立の危機だったのを、乗り越えていますから。今は共産中国との最前線に立ち、武力行使も辞さない相手に屈せず向かい合っている。

渡邉　トランプ政権四年で台湾とアメリカとの関係は大きく変わりました。アメリカは要人をどんどん訪問させ、米国在台湾協会（ＡＩＴ）など事実上の大使館にあたる活動を行い、相次いで武器輸出も行っています。

日本もまた、李登輝元総統の逝去（二〇二〇年七月三十日）を受けて、東京白金台にある台湾代表処での弔問のほかに、森元総理を団長とする弔問団で台湾を訪問しております。その直後には米国からアザー厚生長官が公式訪問を行いました。

外交儀礼的には、李登輝元総統と森元総理は同格であり、安倍前総理の実弟であり現防衛大臣である岸信夫《きしのぶお》氏も参加することで、総理の個人的な親交を示すものになりました。また、野党にも呼びかけることで、日本の国会全体の総意を表したわけです。そして、台湾側としては世界で初の弔問団という位置づけを与えることで、日本を重視する姿勢を見せた形になります。

これらは台湾の国家承認に向けての布石と見ることができます。案の定、中国は猛反発し、台中の「中間線」を中国軍機が頻繁に侵入し、威嚇していますが、アメリカは意に介していない。

日本にとってもアメリカにとっても台湾防衛が地政学上重要であることは言を俟《ま》ちません。現に二〇二〇年十月に日米豪印首脳・外相会合である「Ｑｕａｄ（クワッド）」が東京で開かれ、四カ国による共同訓練も行われています。

対中国をめぐり、自由・民主社会を共有する二つの地域で明暗が大きく分かれたのも、二〇二〇年です。一つは香港であり、一つは台湾です。香港の雨傘革命と台湾のひまわり革命はほぼ同時進行で、同じ民主化という目標を持って行われたものであった。これが蔡英文政権の誕生にも大きな影響与えたが、中国が一方的に香港の一国二制度を破棄し、香港人に対する弾圧を始めた。これを最も恐れているのが台湾の人たちであり、同時に最も怒っているのも台湾の人たちです。

松本　日本にとって「自由」は当たり前になっていますが、世界ではその自由を獲得するために文字どおり命を賭けて戦っている所もあるのです。「自由」とは尊い価値なのです。台湾の人たちはそのことがよくわかっている。それだけでなく、日本との友情の価値を大切にしてくれている。台湾の人たちにお礼をいうたびに必ず言われることがあります。「困っている時は、助け合うのが台湾と日本ではないか」。

渡邉　日本は自由主義国の一員として、台湾と共闘していかなくてはなりません。日本と台湾は運命共同体のはずです。アメリカと台湾との間ではもうすでに経済協力も始まっています。これは事実上の国交回復また国家承認に向けての動きであるといえ、それに対して日本はどのように対峙《たいじ》していくのか、そろそろ大きな決断を迫られることになってくるでしょう。

松本　最後に言いたいのは、インタビューで聴いた蔣経國院長の警鐘です。蔣院長は共産圏諸国と交流するつもりはないし、共産主義というのは表面的には変わっても本質的には決して変わるものではない。むしろ変えようと思っている自由陣営の方が変質する可能性が高いのだ、とおっしゃっていた。米大統領選の混乱を待つまでもなく、今の国際情勢を見ているとまさにそのとおりの事態を迎えているではありませんか。

渡邉　おっしゃるとおりです。中国を豊かにすれば民主化できるというのは幻想にすぎなかった、日本と欧米がそのことにやっと気づいたのがトランプ政権以後の四年で、蔣経國氏は半世紀前に指摘していたわけです。その意味でも本書の刊行は非常にタイムリーです。

日・台・米・中関係年表

1894年（明治27）		日清戦争勃発
1895年（明治28）		下関条約を締結し、台湾は日本に割譲
1912年（大正元）	1月1日	中華民国成立
1923年（大正12）		皇太子、裕仁親王訪台
1930年（昭和5）	10月	霧社事件
1931年（昭和6）		満洲事変
1937年（昭和12）		盧溝橋事件
1944年（昭和19）	9月	台湾で徴兵制を実施
1945年（昭和20）	8月14日	日本、ポツダム宣言を受諾
	8月15日	蒋介石軍事委員長「以徳報怨」の布告文を世界に放送
	8月15日	天皇の玉音放送、敗戦
	11月	国共内戦開始
1947年（昭和22）	2月28日	台湾、二・二八事件。以降戒厳令下におかれる
1948年（昭和23）	4月19日	蒋介石、中華民国初代総統に当選
1949年（昭和24）		共産軍優勢で、国府軍天津、南京、太原、武漢、上海から撤退。国共和平会談も決裂
	7月24日	蒋介石、厦門から台湾へ
	10月1日	中華人民共和国成立
	12月7日	中華民国、臨時首都を台北に遷移
1950年（昭和25）	6月25日	朝鮮戦争勃発。米、第七艦隊を台湾海峡に派遣
1951年（昭和26）	10月15日	中華民国国行政院新聞局、対日賠償放棄を発表
1952年（昭和27）	8月5日	日華平和条約発効。東京、台北に大使館開設
1954年（昭和29）	12月2日	中国封じ込めを狙う「米華相互防衛条約」成立（1955年3月3日発行。1980年1月1日失効）
1957年（昭和32）	6月2日	岸信介総理訪台

1958年（昭和33）	8月23日	金門島で台中両軍が砲撃戦
1964年（昭和39）	2月23日	吉田茂元総理、池田総理の親書を携えて訪台
	5月30日	吉田茂、張群総督府秘書長に書簡「吉田書簡」
	8月12日	張群秘書長、来日
1966年（昭和41）		中国、文化大革命（1997年終結）
1967年（昭和42）	9月7日	佐藤栄作総理、訪台
	11月27日	蔣経國国防部長、来日
1969年（昭和44）	3月22日	日華航空協定調印
1970年（昭和45）	4月29日	佐藤栄作総理・蔣経國副委員長会談（東京）
	11月21日	国連総会、「中国招請、国府追放」のアルバニア決議案通過
1971年（昭和46）	10月25日	中華人民共和国（中国）国連加入。中華民国、国連を脱退
1972年（昭和47）	2月21日	ニクソン大統領、訪中
	3月11日	宇山厚大使、中華民国に着任
	3月21日	蔣介石、第五期総統に当選
	5月26日	蔣経國、行政院長に就任
	7月7日	田中角栄内閣成立
	9月1日	田中・ニクソン会談（日米ハワイ会談）
	9月5日	日中国交正常化協議会決議
	9月17日	椎名悦三郎特使訪台
	9月25日	田中総理一行訪中
	9月29日	日中国交正常化の共同声明を調印。「日中国交――日華断交」
		彭孟緝大使（11月28日）、宇山厚大使（11月30日）帰国
		交流協会（東京、12月1日）亜東関係協会（台北、12月2日）発足
		日本大使館（12月15日）、中華民国大使館（12月28日）閉鎖
1973年（昭和48）		北京に日本大使館（1月11日）、東京に中国大使館（2月1日）開設
		日本の国会議員団（団長　灘尾弘吉衆議院議員）百二十六名が訪台

1974年（昭和49）	4月20日	日中航空協定を調印（北京）、日台空路断絶（4月20日）
	12月9日	三木武夫内閣成立
1975年（昭和50）	4月5日	蔣介石総統死去。厳家淦副総統、総統に（4月6日）
	7月9日	日台空路再開調印
1976年（昭和51）	1月14日	周恩来総理死去
	4月7日	華国鋒が総理就任
	9月9日	毛沢東主席死去
	10月7日	華国鋒が党主席、中央軍事委主席に就任
	11月12日	蔣経國、中国国民党主席に就任
	12月24日	福田赳夫内閣成立
1978年（昭和53）	3月21日	蔣経國、総統に当選
	8月21日	日中平和友好条約調印（北京）
	12月7日	大平正芳内閣成立
1979年（昭和54）	1月1日	米中国交正常化、米台断交。米、「台湾関係法」制定
1980年（昭和55）	7月17日	鈴木善幸内閣成立
1981年（昭和56）	3月15日	林洋港台湾省政府主席、来日
	6月29日	胡耀邦、党主席に、華国鋒、趙紫陽は副主席に就任（6月30日）
1982年（昭和57）	10月27日	中曽根康弘内閣成立
1983年（昭和58）	6月18日	全人代で、国家主席に李先念、軍事委主席に鄧小平、総理に趙紫陽、全人代常務委員長に彭真を選出
1984年（昭和59）	2月22日	鄧小平軍事委主席、「一国二制度」の台湾統一案を提出
	9月30日	趙紫陽総理「一国家、両制度の香港形式で台湾と平和的に統一するための協議をする用意がある」と言明
	12月19日	サッチャー英首相訪中、趙総理と「香港返還合意文書」に調印
1986年（昭和61）	9月28日	台湾、民主進歩党結成
1987年（昭和62）	7月15日	台湾、戒厳令を解除

	11月6日	竹下昇内閣成立
1988年（昭和63）	1月13日	蒋経國総統死去、李登輝副総統が総統に昇任
	7月8日	李登輝総統、国民党主席を兼任
1989年（平成元）	1月7日	裕仁天皇崩御、昭和から平成に改元
	6月3～4日	中国、天安門事件
	6月3日	宇野宗佑内閣成立
	8月9日	海部俊樹内閣成立
	11月	台湾映画「悲情城市」を公開
1990年（平成2）	1月9日	蒋孝武、亜東関係協会駐日代表に就任
	3月21日	李登輝、総統に再選
	6月1日	郝柏村内閣発足
	8月4日	馬樹禮、亜東関係協会会長に就任
	11月21日	台湾に（財）「海峡交流基金会」を設立
	12月14日	張群総統府資政死去
1991年（平成3）	6月7日	許水徳内政部長、亜東関係協会駐日代表に就任
	9月30日	馬紀壮、亜東関係協会駐日代表に就任
	11月5日	宮沢喜一内閣成立
	12月16日	中国に「海峡両岸関係協会」設立
1992年（平成4）	5月20日	亜東関係協会駐日弁処、「台北駐日経済文化代表処」と改名
	7月7日	台湾、日本政府に慰安婦補償を要求
	8月22日	台湾、韓国と断交。中国、韓国と国交樹立（8月24日）
	10月23日	天皇、皇后両陛下が訪中
	11月7日	金門、馬祖の戒厳令解除
1993年（平成5）	1月27日	金門島を観光に開放
	2月23日	連戦、行政院長に就任。台中で台湾独立を叫ぶ三万人のデモ
	3月11日	許水徳、国民党秘書長に就任

	3月20日	林金莖、台北駐日経済文化代表処駐日代表に就任
	3月27日	江沢民、国家主席に選出され、軍事委主席も兼任
	4月10日	北京京劇団、初の訪台
	4月27日	海基会・辜振甫、海協会・汪道涵がシンガポールで会談
	5月16日	「大型貿易投資技術来日団」二百五名（団長・辜振甫）来日
	6月29日	クエール前米副大統領訪台
	8月4日	日本政府、「河野談話」発表
	8月6日	細川護熙内閣成立
	8月10日	台湾で「新党」結成
	11月10日	平岩外四経団連会長、李登輝総統と会談（台北）
	11月16日	ブッシュ前大統領訪台。江沢民国家主席、クリントン大統領と会談（シアトル、11月19日）
	12月16日	田中角栄元総理死去
1994年（平成6）	3月20日	ゴルバチョフソ連大統領訪台
	4月24日	国民党中央常務委で総統は次期から民選によることを決定
	4月25日	羽田孜内閣成立
	4月26日	中華航空140便墜落事故
	6月29日	村山富市内閣成立
	12月3日	宋楚瑜、台湾初の民選による省長に当選
1995年（平成7）	1月22日	両岸基金会準トップ会談（北京、～26日）
	1月30日	江沢民、台湾との相互往来など八項目提案
	2月28日	李登輝総統、二・二八事件について政府を代表して謝罪
	4月8日	李登輝総統、1月30日の江沢民提案に対し、中国側の武力不行使宣言を条件に方針を回答
	4月16日	台湾で、下関条約百周年を記念して、台湾独立を訴える一万五千人規模のデモ
	5月2日	村山総理訪中

	5月23日	アメリカ国務省、クリントン大統領が李登輝総統の私的訪米に同意したと発表。中国・銭其琛副総理兼外交部長が駐北京の米大使に強く抗議
	6月7日	李登輝総統訪米（〜12日）
	6月8日	「李登輝は独立傾向で、台湾が中国の不可分の領土であることを無視している」と人民日報が批判
	6月16日	海峡両岸関係協会（海協会）辜汪会談の延期を申し入れ
	6月24日	江沢民、APEC大阪会議に台湾首脳が出席すれば、自らの出席予定を取り消す旨、訪中の海部新進党党首に語る
	7月1日	海協会、7月開催予定の両岸海峡会議の延期を通告
	8月10日	中国、8月15日から25日の間に東シナ海で再びミサイル発射演習を行う旨発表
	8月15日	日本政府、「村山談話」発表
	8月31日	国民党大会で、1996年3月23日施行の総統選に李登輝を総統候補に決定
1996年（平成8）	1月11日	橋本龍太郎内閣成立
	3月23日	初の総統直接選挙で李登輝が再選。中国、事前に台湾近海でミサイル演習。米、台湾海峡に空母派遣
1997年（平成9）	2月19日	鄧小平死去
	7月1日	香港返還
1998年（平成10）	3月17日	朱鎔基が国務院総理に就任
	6月25日	クリントン大統領訪中。①二つの中国（一つの中国、一つの台湾）を支持しない②台湾独立を支持しない③台湾の国際機関加盟を支持しないの「三つのノー」を承諾
	7月30日	小渕恵三内閣成立
	11月25日	江沢民国家主席来日。事前の高村正彦外務大臣と唐家璇外交部長との協議で「三つのノー」を拒否
1999年（平成11）	5月7日	在セルビア・モンテネグロ大使館がアメリカ軍から誤爆され、中国で反米デモが発生
	7月	李登輝総統が中国と台湾を「特殊な国と国の関係」と定義

	9月21日	台湾、集集大地震
2000年（平成12）	1月	中央大学学員日華友好会が設立
	2月21日	中国が台湾白書を発表
	3月18日	総統に民進党の陳水扁が選出、国民党が初めて野党へ
	4月5日	森喜朗内閣成立
2002年（平成14）	1月	台湾、世界貿易機関（WTO）加盟
	4月26日	小泉純一郎内閣成立
	8月	陳水扁総統が「一辺一国」発言。のち軌道修正の発言
	11月15日	胡錦濤、中国共産党総書記に就任
2003年（平成15）		台湾および中国の広東、香港、北京などでSARSが発生
	3月	胡錦濤が国家主席、温家宝が国務院総理に
	9月	李登輝前総統、台湾独立派「台湾正名運動連盟」の会合で「台湾を国名に」と発言。陳水扁総統が民進党結党17周年記念式典で「2006年に新憲法制定」を掲げる
2004年（平成16）	2月28日	二・二八事件57周年記念行事で李登輝前総統の呼びかけで独立派が中国のミサイル配備に「人間の鎖」をつくって抗議
	3月20日	陳水扁が総統選前日に銃撃され負傷するものの再選
	9月	胡錦濤、中央軍事委主席に
2005年（平成17）	3月14日	中国、「反国家分裂法」成立
	4月29日	連戦国民党主席が中国を訪問し、胡錦濤共産党総書記と1945年以来の国共首脳会談
	4月	日本の国連安保理常任理事国入り反対など、中国各地で反日デモが発生
	8月	日本、台湾人への短期滞在査証免除措置恒久化決定
2006年（平成18）	9月26日	安倍晋三内閣成立
2007年（平成19）	1月	台湾新幹線開通
	4月	呉伯雄、国民党主席に就任

2008年（平成20）	8月	陳水扁総統、「台湾」名義での国連加盟を申請、却下
	9月	台風の影響により中国南部で大水害。四川、重慶などで記録的な旱魃
	4月	日本航空、全日空が台湾路線運行開始
	5月12日	中国、四川大地震
	5月20日	馬英九が総統に就任し、国民党が政権を奪還。馬総統「（台中は）二つの中国ではない」との考えを示し、中国が歓迎
	6月	聯合号事件（台湾の遊漁船が海保巡視船と衝突・沈没）
	7月	胡錦濤主席、G8出席で来日
	8月	中国、北京オリンピック開催
	9月24日	麻生太郎内閣成立
	10月	日台運転免許の相互承認
2009年（平成21）	6月	日台ワーキング・ホリデーの相互導入
	8月	台湾台風被害に日本から1000万円の緊急無償資金協力
	9月16日	民主党政権奪還、鳩山由紀夫内閣成立
	12月	台北駐日経済文化代表処札幌事務所開設
	12月	習近平国家副主席訪日。明仁天皇と特例会見
2010年（平成22）	3月	台湾・現代日本研究学会設立
	4月	交流・亜東協力に関する2010年包括的覚書発表
	6月8日	菅直人内閣成立
	6月29日	「海峡両岸経済協力枠組取決め」（ECFA）調印
	10月	東京羽田－台北松山便就航
2011年（平成23）	2月15日	中華民国外交部、日本人に初の「外交奨章」を授与
	3月11日	東日本大震災発生。台湾各界から各種の支援
	5月	台湾で八田與一記念公園開園
	7月	交流・亜東の間で日台「絆」イニシアティブ発表
	9月	日台民間投資取決めに署名

	9月2日	野田佳彦内閣成立
	9月	謝謝台湾プロジェクト「黒潮泳断チャレンジ」開催
	10月	中華民国建国百年を祝して自民党青年局が慶祝訪問団を台北に派遣（団長・麻生太郎元総理）
	11月	日台民間航空取決め署名（日台オープンスカイ）
2012年（平成24）	1月14日	馬英九、総統に再選
	4月	日台特許ハイウェイ覚書署名
	4月	日台マネロン・テロ資金供与防止覚書署名
	4月14日	謝謝台湾プロジェクトその2「絆の桜植樹祭」開催
	11月15日	習近平が中国共産党総書記、中央軍事委員会主席に
	12月	日台産業協力懸け橋プロジェクト協力覚書署名
	12月	日台相互認証協力民間取決め署名
	12月26日	自民党が政権を奪還。第二次安倍晋三内閣成立
2013年（平成25）	4月	宝塚歌劇団台湾公演
	4月	日台民間漁業取決め署名
	5月8日	謝謝台湾プロジェクトその3「八田與一の手紙贈呈式」開催
	11月	金融協力覚書に署名
2014年（平成26）	1月	日台民間漁業取決め適用水域における操業ルールに合意
	2月	王郁琦・行政院大陸委員会主任委員訪中
	2月1日	謝謝台湾プロジェクトその4「霧社に桜を」開催
	3月18日	台湾、「ひまわり学生運動」が始まる
	9月26日	香港、「雨傘革命」が始まる
2015年（平成27）	11月7日	馬英九総統と習近平国家主席による国共内戦以来初となる「中台トップ会談」が実現（シンガポール）
2016年（平成28）	5月20日	蔡英文、総統に就任し、民進党が40議席から68議席へ大躍進し、政権を奪還
	7月	外務省、台湾関係で初の外務大臣表彰を授与（以後台湾関係で毎年授与者が継続）

２０１７年（平成29）	1月20日	トランプが大統領に就任
	1月	中国空母、遠洋訓練で台湾海峡通過
	6月	パナマ、中国と国交樹立。台湾と断交
	11月8日	トランプ大統領訪中
２０１８年（平成30）	3月	米国、高官の相互往来を解禁する「台湾旅行法」が発効
	3月22日	トランプ大統領、中国製品に追加関税を課す大統領令に署名
	4月18日	中国、台湾海峡で実弾射撃演習実施
	6月12日	「米国在台湾協会（ＡＩＴ）」、台北市東部に建設した新庁舎の落成式を行う
	8月	エルサルバドル、中国と国交樹立、台湾と断交
	8月	米国、２０１９年度「国防権限法」が成立（アメリカと台湾の防衛協力強化が謳われる）
	7月〜9月	米中が互いに第一弾〜第三弾の制裁関税発動
	9月1日	米中第四弾の一部発動
	12月	米国、台湾への防衛装備の売却推進や、南シナ海における「航行の自由」作戦の定期化を明記した「アジア再保証推進法」が成立
２０１９年（令和元）	4月30日	明仁天皇、徳仁天皇へ譲位。５月１日より平成から令和に改元
	5月25日	トランプ大統領来日
	6月	米国防総省、「インド太平洋戦略報告書」を発表し、台湾を協力すべき「国家」と表現
	9月	ソロモン諸島、中国と国交樹立、台湾と断交
２０２０年（令和2）		中国武漢発の新型コロナウイルス発生で世界中がパンデミック
	1月11日	蔡英文、史上最多得票で総統に再選。イギリスＢＢＣのインタビュー（1月15日付）で「中国は台湾がすでに独立国家であることを認めるべきだ」と発言
	3月	トランプ大統領、新型コロナを「中国ウイルス」と表現
	4月	米中、台湾の世界保健機構（ＷＨＯ）年次総会のオブザーバー参加めぐり対立
	5月	蔡英文総統、２期目就任式で「一国二制度は断固受け入れず」と演説

6月	中国軍の戦闘機、台湾の防空識別圏に連日侵入
6月30日	中国、「香港国家安全維持法」を成立
7月4日	米原子力空母2隻、南シナ海で軍事演習
7月7日	米、WHOが中国よりだとして21年7月の脱退を国連に通告と表明
7月13日	ポンペオ米国務長官、南シナ海での中国領有権主張は「完全に違法」と指摘。また習近平国家主席を「全体主義の信奉者」と批判（同月23日）
7月14日	米、香港の自治抑圧に関与した中国当局者などへの制裁措置を定めた「香港自治法」が成立
7月21日	米、テキサス州ヒューストンの中国総領事館閉鎖を要求
7月24日	中国、成都の米総領事館の業務停止を要求と発表
7月26日	米軍の哨戒機「P8A」、中国福建省の領海まで約76キロの地点に接近
7月28日	中国当局、「今年前半、米軍機が南シナ海で2000回以上活動」と説明
7月30日	李登輝元総統が死去。中国メディアは「（中台）関係を破壊した」と酷評
8月4日	米政府、1979年の断交後、最高位となる厚生長官の台湾訪問を発表
8月6日	中国当局、東シナ海で11日から実弾射撃訓練実施と発表
8月10日	アザー米厚生長官、蔡英文総統と会談
9月18日	台国防部、中国軍機が「中間線」を超えて侵入したと発表
10月6日	日米豪印首脳・外相会合を開催（東京）
11月3日	米大統領選挙
12月1日	中国、禁輸リストの「輸出管理法」施行
12月5日	米国務省、中国共産党で宗教や少数民族政策を担当する中央統一戦線工作部の当局者らにビザ制限を発表
12月17日	中国、香港の活動家ら10人起訴
12月18日	米商務省、南シナ海軍事化関与の企業など60社超を輸出禁止措置と発表
12月21日	中国海軍、空母「山東」が台湾海峡を通過し、南シナ海での演習に向かったと発表

著者略歴

松本彧彦（まつもとあやひこ）

1939年東京生まれ。中央大学法学部卒業後東京都に勤務。1964年東ベルリン入りを敢行。帰国後東京都を退職し自由民主党本部（青年局、幹事長室）に勤務。アジア青年会議、世界青年会議などに日本代表として出席。1967年日華青年親善協会（会長・小渕恵三）事務局長に就任し、台湾との交流を始める。1972年椎名悦三郎特使秘書をつとめる。1976年自由民主党退職後、運輸大臣秘書官、労働大臣秘書官を経て、海部俊樹総理・自由民主党総裁秘書をつとめる。2005年日台・スポーツ文化推進協会を設立し、理事長に就任。2011年中華民国外交部より日本人初の外交奨章、2016年台湾観光局より観光貢献奨日本外務省より外務大臣表彰を授与される。

杏林大学大学院 、岡山理科大学 、文化女子大学にて教鞭をとる。

主な著書に『台湾海峡の懸け橋に』（見聞ブックス）、『日台関係の新たな設計図』（青山社）、『現実政治学』（中央大学出版部）、『政治おもしろ帖』（リバティ書房）、『解析・日本政治』（樹光堂）など多数。

日本と台湾　真実の戦後史

2021年3月1日　第1刷発行

著　者　松本彧彦
発行者　唐津 隆
発行所　株式会社ビジネス社
〒162-0805　東京都新宿区矢来町114番地 神楽坂高橋ビル5階
電話　03(5227)1602　FAX　03(5227)1603
http://www.business-sha.co.jp

印刷・製本　大日本印刷株式会社
〈カバーデザイン〉中村聡
〈本文組版〉エムアンドケイ　茂呂田剛
〈編集担当〉佐藤春生
〈営業担当〉山口健志

ISBN978-4-8284-2253-4